幼儿园律动与操节 口袋本

陈一郎 吴振龙 编著

从头到脚动起来!

华东师范大学出版社
·上海·

图书在版编目（CIP）数据

从头到脚动起来！：幼儿园律动与操节口袋本 / 陈一郎，吴振龙编著. — 上海：华东师范大学出版社，2023
ISBN 978-7-5760-4361-7

Ⅰ.①从… Ⅱ.①陈… Ⅲ.①体育课－学前教育－教学参考资料 Ⅳ.①G613.7

中国国家版本馆CIP数据核字(2023)第238557号

从头到脚动起来！
幼儿园律动与操节口袋本

编　　著　陈一郎　吴振龙
责任编辑　胡瑞颖
责任校对　庄玉玲　时东明
装帧设计　冯逸珺

出版发行　华东师范大学出版社
社　　址　上海市中山北路3663号　邮编 200062
网　　址　www.ecnupress.com.cn
电　　话　021-60821666　行政传真 021-62572105
客服电话　021-62865537　门市（邮购）电话 021-62869887
地　　址　上海市中山北路3663号华东师范大学校内先锋路口
网　　店　http://hdsdcbs.tmall.com/

印 刷 者　苏州工业园区美柯乐制版印务有限责任公司
开　　本　889毫米×1194毫米　1/32
印　　张　7
字　　数　139千字
版　　次　2024年4月第1版
印　　次　2024年4月第1次
书　　号　ISBN 978-7-5760-4361-7
定　　价　45.00元

出 版 人　王　焰

（如发现本版图书有印订质量问题，请寄回本社客服中心调换或电话021-62865537联系）

编委

陈星星	赵　荣
杨伟翔	沈慧珍
沈正豪	李　升
胡鸣辰	金思慧

特别鸣谢

上海闵行区启英幼儿园　　上海市嘉定区双丁路幼儿园
江苏省苏州市工业园区宋庆龄幼儿园

模特宝宝

江苏省苏州市工业园区宋庆龄幼儿园　陈　诺　王钰博

序

　　近年来，在数轮"上海市中小学（幼儿园）课程领导力行动研究项目"持续推进的背景下，随着幼儿园户外区域性自主运动的深入开展，幼儿园运动整体上正在悄然发生着令人欣喜的变化。我们看到，幼儿园运动的场面变得更加热烈，幼儿的运动权利得到越来越好的保障，幼儿的运动兴趣受到更加充分的激发，幼儿的动作技能和身体素质得到了更加多样的锻炼及发展，幼儿在运动中的创造性有了更大的发挥空间，教师也更加深入地看到了运动中"儿童的力量"。

　　律动与操节是幼儿园运动中不可缺失的组成部分，也是幼儿动作发展、规则建立、团队意识等综合能力形成与提升的有效途径。几乎每一所幼儿园、每一位教师每天都会和孩子们共同开展律动与操节活动。然而，律动与操节的编创需要遵循其特有的内在规律，通常会呈现出一定的模式或样态。如何将律动与操节编排得既科学有效又生动有趣，这对广大一线教师群体来说是有一定挑战性的。可喜的是，《从头到脚动起来！幼儿园律动与操节口袋本》一书在此时与大家见面了。

　　本书的编者团队具有丰富、深厚的体育、舞蹈、学前教育专业的经验与背景。他们在本书中为大家编创的律动与操节，能体现出较强的专业性，符合幼儿的年龄特点与身体发展规律。而且，本书中的内容打破了许多律动与操节同质化的倾向，向读者展现了多样化的律动、操节类型。所有律动与操节均由幼儿示范演示，进一步体现了适宜性与可操作性，让大家在"眼见为实"中选择适合本园、本班的实施内容。所谓"术业有专攻"，相信这本承载着编者团队专业与理想的新书，一定能为各个园所和广大教师提供支持与借鉴，从而更好地为促进幼儿的运动发展服务！

华东师范大学教育学部学前教育学系　李召存

编者寄语

经历诸多波折，本书终得付梓面世。在编写的过程中，我们团队不断研磨与探索，旨在能献给读者一本有趣、有益、有爱的实践参考用书。

此书中，我们针对幼儿园中常见的律动与操节活动进行了原创编排及梳理，汇聚了整整 42 套律动与操节活动。在这些律动与操节活动中，无处不蕴藏着原创者们的智慧。各异的风格、新奇的创意、多彩的内容，都融化在了孩子的每一个动作里。相信您在观阅、实践时，一定会有美妙的感受。愿此书是您的资源库，愿此书是您的百宝箱，愿此书是您的书桌伴，愿此书是您的灵感泉！

我们的团队都是浸润幼儿园一线多年的实践者。我们融合了学前、体育、舞蹈三个专业领域的知识与经验并通过视频、图片和配文，深入浅出地予以呈现。值得一提的是，书中的视频，皆是由孩子进行的真实的现场表现，一镜到底，完整录制！同时，这些孩子也都是我们幼儿园中的普通孩子。因为我们相信，只有真实地呈现，才能真正地服务到我们一线的教师，才能切实地让我们的孩子体验到做操的快乐！我们也正努力地不断探索着儿童立场下的思考与践行。

编写团队的能力与经验有限，虽已倾尽全力，但是一定有不少欠妥与纰漏之处，还望广大读者不吝指正，使此书在今后的打磨中日臻完善！

编者

2022 年 8 月于上海

第一章

小班操节

前言

前言

概念初探

一、律动

律动是身心的预热，比基本体操更具艺术表现力，侧重对情景和动作的创意性、趣味性的表达与表现。一般多选用 2/4 拍或 4/4 拍音乐。

二、基本体操

基本体操聚焦幼儿身心素质的发展，对动作的规范性与整齐度有更高的要求，注重动作的力度、身体姿态、节奏把控、队列队形等。一般多选用 4/4 拍音乐。幼儿基本体操包括基本操节与基本队列。其中，基本操节还包括徒手体操和器械体操。

律动与操节活动创编的方法

一、模仿夸张法

聚焦物体的形态和特征。模仿某一动物的明显特征，将其特征用肢体夸张地进行表现，如大象的长鼻子、长颈鹿的脖子、鳄鱼的大嘴巴、企鹅的走路形态等。对于动物的某一形体特征，也可以用身体的不同部位来表现，如对于大象的长鼻子，除了可以用手臂的摇摆来表现外，也可用腿的摇摆来表现，以此丰富肢体表现的形式。

二、主题设定法

创设侧重角色的故事和任务主题情境。包括：

1. 人物主题，如模仿搬运工、清洁工、邮递员、小丑、魔术师、小木匠等。

2. 动物主题，如模仿企鹅、小兔等各类动物的动作。

3. 生活主题，如创设儿童乐园、欢乐农庄、海底世界等情境。

4. 绘本故事主题，如创设后羿射日、老鼠娶新娘、木兰从军、猜猜我有多爱你等情境。

5. 运动项目主题，如模仿武术、跆拳道、拳击等。

6. 器械主题，如球操、棍棒操、呼啦圈操等。

7. 军旅训练主题，如模仿解放军的各类训练项目。

另外，要注重主题与年龄段的适宜性。

三、器材游戏法

凸显器材的特性与玩法。

1. 轻器械的运用：体现器械的特点，能利用器械进行一物多玩或一物巧玩。

2. 辅助性器材的运用：体现身体与器材的关系（即对器具的操控），进行以身体动作为主的系列运动拓展。游戏的形式可以多元化，如：单一与组合游戏、定点与流动游戏等。在进行单人与单一器械的游戏时，可进行原地（小范围内）游戏，也可在较大范围内进行移动的游戏。需注意的是，进行移动游戏时应保证幼儿能有序地进行队列队形的变换与保持。

四、动作再现法

着力于某一个动作的创新表达与表现。

1. 时间变化：改变动作的时长，改变动作的频率。

2. 空间变化：改变在空间中的站立位置等。

3. 部位变化：身体不同部位取代惯用部位诠释动作。（如用指尖、手肘部位取代惯用的手臂来表现"飞翔"，会产生多种动作可能。）

五、局部叠加法

针对局部动作的统一整合。将若干个单一的、局部的动作进行叠加，可手、脚同时进行表现。一般表现为上下肢体动作叠加、左右肢体动作叠加。

1. 上下肢体动作叠加：如上肢进行肩侧举，下肢配合单脚脚跟侧点地。

2. 左右肢体动作叠加：如左臂前平举，右臂前举屈肘。

六、机遇组合法

关注动作与动作之间的连接和重组。通过将不同的单一动作进行随机组合来编创出新的系列动作。例如，选出 10 位幼儿，分别编号为 0—9，每一位幼儿自己设计一个喜欢的动作或造型（不是组合动作），教师随机挑选 2—4 个数字进行组合（如挑选 "2468" 的组合，则编号为 2、4、6、8 的幼儿同步创编动作），教师按序进行动作连接与微调，创编出新的组合动作。

小班操节

鱼儿游

(推荐音乐：《游啊游》)

扫码观看
演示视频

操节核心价值

身体控制与平衡，动作灵敏、协调

第一节 小鱼问好（8 拍 ×4）

✦ **关键动作**

图 1-1-1 原地踏步

图 1-1-2 抬臂，转动手腕

♡ **动作与提示**

1. 跟随节奏屈臂踏步，摆臂有力。

2. 肘部尽量呈 90 度，腕部翻转。

教师可根据幼儿实际情况进行调整改动，如：踏步可简化为两或四踏步一次、手臂动作可简化为双手叉腰等。

第二节　游动的小鱼（8 拍 ×4）

✨ 关键动作

图 1-1-3　　　　　　　　　　　图 1-1-4

双臂展开，膝盖微屈　　　　　　双臂模拟划水的动作

♡ 动作与提示

1. 双腿微屈，双膝并拢微微转动；头部微微侧倾。
2. 身体轻微前屈；双臂伸直，掌心向外翻转。

第三节　小鱼散开（8 拍 × 4）

✦ **关键动作**

图 1-1-5　踏步绕圈

♡ **动作与提示**

　　幼儿自主迈步在限定范围内走动，教师也可根据场地环境与幼儿实际情况进行动作的调整及改变。在这个过程中需引导提醒幼儿及时回到原有位置。

第四节　潜水的小鱼（8 拍 × 4）

✦ **关键动作**

图 1-1-6　踏步，抬臂，转动手腕　　　图 1-1-7　双臂向上举

💛 动作与提示

1. 屈膝幅度加大，身体轻微前倾。
2. 手掌分合时有力，肘部尽量抬高。

第五节　在水底游动（8拍×4）

✨ 关键动作

图 1-1-8

双臂展开，膝盖微屈

图 1-1-9

双臂斜上举

💛 动作与提示

1. 屈膝幅度加大，身体轻微前倾，面部朝向正前方。
2. 双臂伸直，头部微微上扬。

第六节　小鱼表演（8 拍 ×4）

✦ 关键动作

图 1-1-10　双臂展开，单腿站立　　图 1-1-11　身体自然扭动，半蹲

♡ 动作与提示

1. 单腿站立，身体尽量保持平衡。

2. 当身体为全蹲状态时，需先调整为半蹲再至直立。

小班律动操

小雨滴

(推荐音乐：《小雨滴》)

扫码观看
演示视频

💡 **操节核心价值**

上肢力量，身体柔韧性

第一节　雨滴跳舞（8 拍 ×2）

✨ **关键动作**

图 1-2-1

双臂展开，往左右两侧点头

图 1-2-2

双臂并拢，往左右两侧点头

♡ 动作与提示

1. 双臂侧平举，手部分掌向前。

2. 双腿屈膝并立，十指自然地上、下动一动，身体轻微侧倾。

第二节　池塘与水花（8拍×2）

✦ 关键动作

图 1-2-3　　　　　　　　　　　图 1-2-4

双臂侧下举，膝盖微屈　　　　　　双臂向上举

♡ 动作与提示

1. 双臂侧下举，手指张开，掌心向后。

2. 向上举时肘部尽量呈 90 度，手指张开，掌心向前。

第三节　雨滴落下（8 拍 × 2）

✦ 关键动作

图 1-2-5　单臂向上举，另一手叉腰　　图 1-2-6　膝盖微屈，身体稍前倾

♡ 动作与提示

1. 单侧手臂伸直，尽量贴近头部。
2. 身体前倾，双肘尽量往外侧顶。

第四节　小花伞（8 拍 × 2）

✦ 关键动作

图 1-2-7　双臂向上举　　　　图 1-2-8　双臂向上自然摆动

♡ 动作与提示

1．肘部尽量呈 90 度，抬腕掌心向上。

2．重心需在双腿间快速转换，双腿交替屈、伸配合髋部沉降；身体轻微侧屈；手臂保持原有姿势，自然放松做动作。

第五节　小花伞游戏（8 拍 ×2）

✨ 关键动作

图 1-2-9　　　　　　　　　图 1-2-10

双臂向上，小碎步移动　　　身体微侧屈，双臂向上合掌

♡ 动作与提示

1．保持上肢动作姿势，双脚横向快速移动。

2．双腿屈膝并立，双臂伸直尽量贴近头部并于头部正上方击掌；身体较大幅度地侧屈。

教师可根据幼儿实际情况调整横向移动的方式，如迈步、跳步等。

小班律动操

数星星

(推荐音乐：《数星星》)

扫码观看
演示视频

💡 **操节核心价值**

身体协调性，四肢动作配合

第一节　满天星（8 拍 ×1）

✨ **关键动作**

图 1-3-1

单臂划圈，双膝微屈

图 1-3-2

双臂同时划圈

♡ 动作与提示

1. 双腿微屈，单臂以肩为轴，于体前环绕；在此过程中头部、目光尽量跟随手臂移动。

2. 双臂交叉于体前，以肩为轴，于体前同时向外环绕；在此过程中头部、目光尽量跟随手臂移动。

第二节　微笑的眼睛（8 拍 ×1）

✨ 关键动作

图 1-3-3　　　　　　　　　　图 1-3-4

脚跟点地，另一侧手臂屈肘　　双脚站立，向两侧跨步

♡ 动作与提示

1. 双腿微屈，双肘尽量抬起不下沉，身体尽量转动 45 度。

2. 提醒幼儿食指与大拇指围成的"圈圈"可以大些，尽量不影响视线。

第三节 夜空繁星（8拍×1）

✦ 关键动作

图 1-3-5 转体，双膝微屈　　图 1-3-6 "比心"动作定格

♡ 动作与提示

1. 双腿微屈，单手食指尽量保持伸直。
2. 双腿分立，双肘尽量抬高，手部动作利落。

第四节 数星星（8拍×1）

✦ 关键动作

图 1-3-7

双臂交替屈伸

图 1-3-8

双膝微屈，一手叉腰，另一手臂抬起

♡ 动作与提示

1. 双臂依次屈、伸，来回切换手部的五指分开与握拳动作，在这个过程中动作变换需及时。

2. 单侧肘部尽量抬起不下沉，身体微微侧屈。

我的身体动起来

(推荐音乐:《欢乐竹兜跳》)

扫码观看
演示视频

💡 **操节核心价值**

感知身体各部位,听
声音做动作

第一节　脑袋动起来（8 拍 × 2）

✨ **关键动作**

图 1-4-1　踮脚,微微点头

图 1-4-2　向左右两侧点头

♡ **动作与提示**

双手叉腰,头部向前、后、左、右四个方向进行转动。

第二节　和身体部位打招呼（8拍×4）

✦ 关键动作

图 1-4-3

开合跳

图 1-4-4

双膝微屈，双手轻拍膝盖

图 1-4-5

身体向左、右两侧自然摆动

图 1-4-6

双手轻拍肩膀，踏步

♡ 动作与提示

1. 双脚原地起跳呈开立状，手臂伸直呈侧上举，手臂与颈部夹角尽量呈 45 度。

2. 屈膝半蹲时尽量膝盖并拢。

3. 扭动时允许双腿屈膝。

4. 拍肩膀时需注意双臂尽量抬高呈水平状。

第三节　走一走，动一动（8拍×2）

✨ 关键动作

图 1-4-7　原地踏步

图 1-4-8　在头部两侧轻轻击掌

图 1-4-9　原地踏步

图 1-4-10　原地跳动，双臂划圈

♡ 动作与提示

双臂划圈时动作尽量舒展。

第四节　嘿嘿，跑起来！（8 拍 ×3）

✦ 关键动作

图 1-4-11

向两侧跑动

图 1-4-12

原地跳动，单臂向上举，另一手叉腰

♡ 动作与提示

1. 跑动时需注意摆臂明显、有力。

2. 单臂向上，握拳，手臂尽量贴近耳朵。

可重复第二到第四节。

小班律动操

动物园里朋友多

(推荐音乐：《快乐动物园》)

扫码观看
演示视频

💡 **操节核心价值**

上下肢协调，身体动作灵敏性

第一节　欢迎来到动物园（8 拍 ×2）

✨ **关键动作**

图 1-5-1　双手从上往下轻拍身体

图 1-5-2　双手击掌

💗 **动作与提示**

1. 站立于原地用手随意轻轻拍打身体的各个部位。

2. 双手击掌两次，配合踏步动作，自编或采用音乐中的动物名称进行动作模仿。

第二节　动物们的小舞台（8 拍 × 10）

模仿狗、猫、青蛙、鸟、熊猫、孔雀、大象、小猴、企鹅、长颈鹿等（可随意组合）。

✨ 关键动作

图 1-5-3　双手停留于头部

图 1-5-4　模仿小猫的动作

图 1-5-5
双脚分开，半蹲

图 1-5-6
双手收于胸前，双腿并拢

图 1-5-7

拇指与食指围圈

图 1-5-8

双臂伸展，模仿孔雀

图 1-5-9

双脚分开站立，身体微屈

图 1-5-10

原地跳动转圈

图 1-5-11

双臂斜下举，双脚并拢

图 1-5-12

单臂向上举，另一手叉腰

♡ **动作与提示**

　　各动作之间的切换需快速、准确、到位。教师可根据幼儿的实际认知与动作熟练情况逐步添加模仿动物的动作，起始阶段建议选取 2—4 个动物，可重复或拉长动作节拍。

第三节　我们一起去动物园（8拍×4）

✨ **关键动作**

图 1-5-13　　　　　　　　　　　图 1-5-14

原地踏步，双手击掌　　　　　　　动作回顾

♡ **动作与提示**

　　1. 跟随音乐节奏一边踏步一边击掌，调整呼吸与位置。

　　2. 结尾部分动作造型可以让幼儿以自己喜欢的小动物形象进行表达、表现。

第四节

同第二节。

第五节

同第三节。

♡ 小贴士

1. 这是一套具有师幼互动元素的操节活动，教师可在幼儿熟悉歌曲后，用无歌词版本的口令带动操节，增添互动性与趣味性。

2. 在师幼交流过程中，教师可选择常见动物进行问答，如以下范例。

师：小青蛙小青蛙……

幼：跳跳跳！

师：小鸟呀小鸟……

幼：飞呀飞呀飞！

小班律动操

马里奥来了

(推荐音乐:《超级马里奥》)

扫码观看
演示视频

第一节　马里奥食蘑菇（8拍×2）

✦ 关键动作

图 1-6-1

往左、右两侧跳跃

图 1-6-2

双脚分开,半蹲,双手握拳向上

♡ **动作与提示**

1. 抬腿时脚后跟尽量靠近臀部，摆臂时肘部夹角尽量呈90度。

2. 下肢尽量呈扎马步姿势，双肘夹角尽量呈90度。

可配合口令：我是超级马里奥，吃完蘑菇变强壮。

第二节　乌龟与食人花（8拍×4）

✨ **关键动作**

图1-6-3　　　　　　　　　　图1-6-4

双脚分开，半蹲　　　　单脚向前跨步，双臂向前

♡ **动作与提示**

1. 保持"乌龟"姿势的同时，身体尽量跳转90度。

2. 单脚向前跨步呈弓箭步；双臂上下开合模仿"食人花"，

需注意双臂开合幅度可以大一些。

可配合口令：乌龟先生跳！跳！食人花真可怕。

第三节　库巴来了（8拍×4）

✨ 关键动作

图 1-6-5　原地跳跃　　　　图 1-6-6　交替出拳

♡ 动作与提示

1. 双脚与肩同宽，原地跳跃时需注意快速转换身体的重心；双肘夹角尽量呈 90 度。

2. 小碎步跑动时注意尽量重心稍往前，双臂交替向前做"拳击"动作。

可配合口令：库巴来了，出招！

第四节　赢得胜利（8拍×2）

✨ 关键动作

图1-6-7　往左、右两侧跳跃　　　图1-6-8　双脚并拢，膝盖微屈

♡ 动作与提示

1. 双臂尽量抬高，身体转动幅度适宜，行进过程中注意步幅、步距适宜适当。

2. 小碎步跑动时注意配合摆臂动作；身体微微侧屈。

可配合口令：打败魔王真开心，救出公主回城堡。

哑铃沙沙响

(推荐音乐：《石头剪刀布》)

扫码观看
演示视频

操节核心价值

上下肢协调，上肢力量

第一节　哑铃来啦（8拍×2）

✦ 关键动作

图 1-7-1　踮脚，往左、右两侧微微点头

♡ 动作与提示

手持哑铃叉腰，跟随音乐节奏踮脚。

第二节 哑铃笑一笑（8拍×4）

✨ 关键动作

图 1-7-2 手持哑铃，原地踏步　　图 1-7-3 脚跟点地，身体微侧屈

♡ 动作与提示

1. 跟随音乐原地踏步，摆臂过程中手臂尽量摆高，哑铃可举至面部正前方。

2. 双臂打开尽量保持水平状，双手摇动哑铃；身体微微侧屈。

第三节 哑铃飞一飞（8拍×4）

✨ 关键动作

图 1-7-4　　　　　　　　　图 1-7-5

原地踏步，双臂上举并往左、右两侧摆动　　跳跃转体，手持哑铃上下摆动

♡ 动作与提示

1. 双臂上扬并左右挥动，过程中手臂的动作变化尽量明显。

2. 跳跃转体尽量呈 90 度，挺胸与含胸动作尽量明显。

第四节　敲敲抖抖（8 拍 ×4）

✦ 关键动作

图 1-7-6　踏步，跳跃　　　　图 1-7-7　跨步，绕圈

♡ 动作与提示

1. 跳跃时敲击哑铃，尽量保持平稳体态。

2. 直臂抖动哑铃，抖动方位可多变。

小班器械操

欢乐小花球

(推荐音乐：《加油鸭》)

扫码观看
演示视频

第一节　跑跑跳跳（8 拍 ×4）

✨ 关键动作

图 1-8-1　往两侧跑跳

图 1-8-2　原地跳跃，双臂向上举

💗 动作与提示

1. 双脚起跳时，尽量并拢双腿。

2. 双臂伸直，尽量紧贴耳朵。

第二节　小小彩虹（8 拍 ×2）

✦ 关键动作

图 1-8-3

往两侧踏步，双臂侧下举

图 1-8-4

双脚分开站立，双臂划圈

♡ 动作与提示

1. 双臂侧下举，甩花球时有力。

2. 双臂于体前交叉划圈，在过程中手臂尽量伸直。

第三节　献花（8 拍 ×2）

✦ 关键动作

图 1-8-5

向右侧弓步，双手抖动花球

图 1-8-6

向左侧弓步，双手抖动花球

♡ 动作与提示

1. 双臂尽量伸直抬高，配合屈膝动作甩动花球。

2. 微微转体，头部尽量朝正前方。

第四节

同第一节。

第五节 过渡准备（8拍×4）

✦ 关键动作

图 1-8-7 双腿微屈，双臂展开　　图 1-8-8 转体，双臂并拢

♡ 动作与提示

1. 双臂伸直水平打开，动作有力。

2. 转体尽量呈 90 度。

第六节

同第二节。

第七节

同第三节。

第八节

同第一节。

小班器械操

篮球小达人

扫码观看
演示视频

本操节中所用器具

建议 3-4 号球

第一节　双手砸球（4拍×4）

✦ 关键动作

图 1-9-1

双脚分立，双手持球砸向地面

图 1-9-2

双手接球，前后点头

♡ 动作与提示

1. 双腿分立比肩略宽，双手手指分开持球。

2. 砸球时双手用力向下压腕，配合屈膝动作。

第二节　双手传球（4 拍 × 4）

✦ 关键动作

图 1-9-3　　　　　　　　　　　图 1-9-4

小碎步跑动，双手抱球于胸前　　　双脚开合跳，双手持球往前推

♡ 动作与提示

1. 双手持球于胸前，配合原地小碎步跑动。

2. 手臂的屈伸快速、有力，配合下肢开合跳。

第三节　持球造型（4 拍 ×4）

✨ 关键动作

图 1-9-5　原地站立，双手持球　　　　图 1-9-6　脚跟点地，身体微屈

♡ 动作与提示

1. 原地站立双手持球于胸前，双臂由屈到伸，经身体正前方回至胸前位置。

2. 脚跟点地，身体微微侧屈。

第四节　持球揉摆（4 拍 ×4）

✨ 关键动作

图 1-9-7　双手持球　　　　　图 1-9-8　原地踏步，双手持球摆动

💛 动作与提示

1. 双手持球于胸前进行揉球（或颠球）动作，配合原地踏步动作。

2. 双手持球于两侧腰间进行大幅度的左右摆动，配合原地踏步动作。

第五节　篮球节奏家（4 拍 × 4）

✨ 关键动作

图 1-9-9　持球，踏步　　　　图 1-9-10　持球向前推

💛 动作与提示

1. 单手持球并夹于腋下，另一手拍打球，配合原地踏步动作。

2. 双手直臂持球，尽量收紧腹部（避免挺肚子）。

♡ 小贴士

1. 小班入门篮球以拍球并配合有一定节奏的屈膝动作为主。

2. 后期教师可以对皮球和篮球的动作作区分，玩皮球时注重"拍"，玩篮球时注重"运"。

备注：皮球游戏用具，是一种有弹性的空心球，多用橡胶制成。篮球是一种球类运动，是奥运会比赛项目之一，它是一项需要力量和灵敏性的身体对抗性体育运动。

小班器械操

我爱洗澡

(推荐音乐:《洗澡歌》)

扫码观看
演示视频

💡 **操节核心价值**

上肢柔韧性和协调性

本操节中所用器具

毛巾

预备节:准备去洗澡

✦ **关键动作**

图 1-10-1　原地踏步

♡ 动作与提示

1. 将毛巾挂于颈部，双手握住毛巾两端，双脚原地踏步。

2. 需注意双手抓握毛巾即可，不能用力下拽。

第一节　洗澡开始（8 拍 × 4）

✨ 关键动作

图 1-10-2 　　　　　　　　　图 1-10-3

双脚分开站立，双臂向上举　　　脚跟点地，身体微侧屈

♡ 动作与提示

1. 双手持毛巾上举，双臂尽量伸直。

2. 脚后跟点地，身体微微侧屈。

第二节　上下搓搓身体（8 拍 × 4）

✨ 关键动作

图 1-10-4　原地站立，双臂摆动　　图 1-10-5　原地站立，身体前屈

♡ 动作与提示

1. 手持毛巾进行左右"搓"的动作，动作明显，保持毛巾不掉落。

2. 由上到下进行"搓"的动作，注意身体前屈时双腿尽量伸直。

第三节　毛巾甩甩干（8 拍 × 4）

✨ 关键动作

图 1-10-6　原地踏步，转动手腕甩毛巾

♡ 动作与提示

1. 手持毛巾于胸前，双手抓握毛巾，通过腕部转动将毛巾进行旋绕。

2. 原地踏步的动作幅度可适当减小，聚焦手部动作。

第四节　毛巾翻翻乐（8 拍 × 4）

✦ 关键动作

图 1-10-7

弯腰，单腿站立，一腿跨过毛巾

图 1-10-8

另一腿也跨过毛巾

图 1-10-9

将毛巾从身后绕过头顶

图 1-10-10

双手持毛巾停留于胸前

♡ 动作与提示

1. 双手尽量抓紧毛巾不掉落。

2. 双手间距越大，旋绕毛巾过程越容易。可自主调节双手间距大小。

♡ 小贴士

1. 可以使用柔软质地的隔汗巾，作为器具使用。

2. 由于该操节中毛巾需直接接触皮肤，因此需定时对毛巾进行消毒清洗，以保证安全与卫生。

小班器械操

小小农夫

(推荐音乐：《小和尚》)

扫码观看
演示视频

本操节中所用器具

有一定厚度的纸，也可用类似物品代替

第一节：我是小农夫（8 拍 ×4）

✦ **关键动作**

图 1-11-1　脚跟点地，微微转体　　图 1-11-2　向侧方迈步，身体微屈

♡ **动作与提示**

1. 脚后跟点地时脚尖要尽量翘起，器物尽量贴近胸前，身体微微转体。

2. 向侧方迈步时步距不宜过小，双臂尽量抬高，手腕跟随音乐有节奏地进行抖动。

可配合口令：小农夫真勤劳，辛苦播种把粮收。

第二节　天气真晴朗（8 拍 × 4）

✦ **关键动作**

图 1-11-3　向侧方转体　　　图 1-11-4　双脚分立，双手举物

♡ **动作与提示**

1. 蹲起时注意重心的切换，身体需尽量保持平衡，器物需尽量举过头顶。

2．需注意跳跃落地后尽量呈双脚分立的姿势。

可配合口令：东看看西看看，今天天气真晴朗。

第三节　勤劳去播种（8 拍 ×4）

✦ 关键动作

图 1-11-5　向侧方跑跳　　　图 1-11-6　手臂侧上举，转体

♡ 动作与提示

1．跑跳过程中尽量保持器物的平稳。

2．双臂做"抛撒"动作，手臂有较明显的屈伸转变；转体尽量呈 45 度。

可配合口令：带上工具播种去，呼哈 —— 呼哈 ——

第四节　苗苗快长大（8 拍 ×4）

✨ 关键动作

图 1-11-7　原地下蹲

图 1-11-8　向侧前方迈步，双手举物

♡ 动作与提示

1. 原地缓慢下蹲，器物需触碰地面，身体尽量保持平衡。

2. 缓慢站起，向斜前方迈步并尽量将器物举过头顶。

可配合口令：一滴两滴雨落下，苗苗苗苗快长大。

第五节　快乐丰收（8 拍 ×4）

✨ 关键动作

图 1-11-9　原地钩腿跑动

图 1-11-10　双手持物划圈

♡ 动作与提示

1. 原地钩腿跑动转圈，脚跟尽量贴近臀部，手持物体放至胸前跟随音乐左右摇摆。

2. 划圈动作范围保持在胸腹前方，胯部跟随音乐左右摆动。

可搭配口令：变成漂亮的白米饭，啊呜啊呜真好吃。

小班器械操

小花朵

(推荐音乐：《小花朵》)

扫码观看
演示视频

本操节中所用器具

自制彩带，也可用类似物品代替

第一节　太阳公公的问候（8 拍 ×2）

✦ 关键动作

图 1-12-1

双腿分立，手持彩带挥动

图 1-12-2

双腿并拢站立，双臂直上举

♡ 动作与提示

1. 双腿分立；手持彩带，单臂于头部正上方进行较大幅度的左右挥甩动作，身体微微侧屈。

2. 小碎步跑动时，双臂于体侧同时上下划动，模仿鸟儿飞翔的样子。

3. 由半蹲变化为直立的过程中，双臂需同时向外侧划圈，经体前至直臂上举（表达小朋友长高或成长）。

第二节 月亮婆婆的歌谣（8 拍 × 4）

✦✦ 关键动作

图 1-12-3

双腿分立，手持彩带挥动

图 1-12-4

双腿分立，双臂向下

图 1-12-5 半蹲

♡ 动作与提示

1．双腿分立，手持彩带，双臂于头部正上方进行左右方向的挥甩动作，重心随动作变化移动。

2．双臂于体前从左至右呈"波浪"形挥动彩带。

3．半蹲时，双手掌心相对，紧贴脸颊，模仿睡着的样子。

第三节　妈妈心窝的小花朵（8 拍 × 4）

✦ 关键动作

图 1-12-6　屈膝，转动手腕　　　图 1-12-7　向前踏步

图 1-12-8　脚跟点地，身体微侧屈

♡ **动作与提示**

1．屈膝两次；双臂尽量于体前伸直，通过多次转腕动作使彩带旋转。

2．踏步向前走的同时需双臂上举，小幅度挥动彩带。

3．造型可以多样自主，如做花朵、爱心等造型。

第四节　爸爸心窝的小花朵（8拍×4）

✦ **关键动作**

图1-12-9　双腿微微开立，双臂上举　　图1-12-10　向后踏步

图1-12-11　双腿微屈，双臂于胸前交叉

♡ 动作与提示

1. 踮脚两次；手持彩带，双臂于头部正上方进行左右方向的挥甩，身体微微侧屈。

2. 踏步向后走的同时需双臂上举，小幅度挥动彩带。

3. 双臂屈肘于胸前交叉,随音乐自然律动,模仿拥抱的样子。

小班徒手体操

我的舞台

(推荐音乐:《天天向上》)

扫码观看
演示视频

第一节　新的一天（8 拍 ×4）

✨ 关键动作

图 1-13-1

原地站立，一手叉腰

图 1-13-2

向侧方跨步，单臂伸直，另一臂向上举

♡ **动作与提示**

1. 肘部尽量抬高，单侧手上举放于额头位置。

2. 双臂伸直，分别呈侧平举与直上举动作姿势，掌心向前。

第二节　美丽的衣裳（8 拍 ×4）

✦ **关键动作**

图 1-13-3

双手叉腰，半蹲起立

图 1-13-4

原地站立，单臂侧上举，另一臂侧下举

♡ **动作与提示**

1. 双手叉腰，过程中双手不离开腰部。

2. 双臂伸直，分别呈侧上举与侧下举动作姿势，掌心向前。

第三节　我的舞台（8拍×4）

✨ 关键动作

图 1-13-5　双臂直上举　　　　图 1-13-6　向侧方迈步，转体

♡ 动作与提示

1. 双臂直上举，腕部自然转动。
2. 转体尽量呈 90 度，双臂于胸前平屈，肘部上下摆动。

第四节　舞台的两边（8拍×4）

✨ 关键动作

图 1-13-7　　　　　　　　　　图 1-13-8

双腿分立，弯腰，双手握拳并转动　　　转体，手臂向侧方伸直

♥ **动作与提示**

1. 双腿尽量伸直，身体较大幅度前屈。

2. 双腿伸直，脚后跟尽量不离地；双臂前平举，转体尽量呈 90 度。

第五节　欢跳的舞台（8 拍 ×4）

✦ **关键动作**

图 1-13-9　双臂交替向上举　　图 1-13-10　双臂交替向上举

♥ **动作与提示**

1. 单侧手臂伸直尽量贴近头部。

2. 交换手臂时，尽量沿出拳方向屈伸，动作干脆有力。

教师可根据幼儿实际情况调整跳跃频次，如每两拍原地跳一次、每两拍原地跳两次等。

第六节 和观众说再见（8 拍 × 4）

✨ 关键动作

图 1-13-11 五指张开，单臂上举　　　图 1-13-12 双臂交替向上举

♡ 动作与提示

1. 手部由拳变掌的动作需快速有力。

2. 双手交替向上举，过程中手部动作利落。

小班徒手体操

四个朋友

(推荐音乐：《小鹿健康操》)

扫码观看
演示视频

第一节　青蛙朋友（8 拍 × 4）

✨ 关键动作

图 1-14-1

向侧方跨步，双臂斜上举

图 1-14-2

双膝微屈，双手在头部位置自然摆动

💛 动作与提示

1. 双腿开立，双臂上举与颈部夹角需尽量呈 45 度，分掌掌心向前。

2. 屈臂干脆有力，双掌不遮住面部。

第二节 猩猩朋友（8 拍 × 4）

✨ 关键动作

图 1-14-3 双腿分立，屈 　　　图 1-14-4 踩脚

　膝，双手作捶胸状

💛 动作与提示

1. 向侧迈步时步距可以稍大，双臂于胸前平屈，双手握拳，拳心向内。

2. 同侧手脚需同时向上抬起并保持身体平稳，腿部在抬起、落下时尽量有力，肘部尽量保持平屈姿势。

第三节　鹦鹉朋友（8 拍 × 4）

✨ **关键动作**

图 1-14-5　向侧方跨步，双臂伸展　　图 1-14-6　双脚并拢，屈膝，转体

♡ **动作与提示**

1. 双臂伸直，尽量保持在同一水平线上，身体较大幅度侧屈。

2. 双肘尽量抬高，身体尽量转 90 度。

第四节　袋鼠朋友（8 拍 × 4）

✨ **关键动作**

图 1-14-7　双腿分立，身体前屈　　图 1-14-8　双腿并拢，双臂直上举

♡ 动作与提示

1．双腿分开站立，用手掌拍击膝盖（或膝盖以下）位置两次，双腿尽量伸直。

2．双臂直上举，手掌掌心向前。

第五节至第八节

同第一节至第四节。

第二章

中班律动操

小小翁巴巴

(推荐音乐：《绿森林的翁巴巴体操》)

扫码观看
演示视频

操节核心价值

四肢协调性，身体移
动能力

第一节 我是小小翁巴巴（8 拍 ×2）

✦ 关键动作

图 2-1-1 单臂直上举，原地跳跃

图 2-1-2 双腿并拢，屈膝

♡ 动作与提示

1. 单臂直上举，尽量贴近头部。

2. 落地时双腿屈膝；双臂于胸前呈平屈动作姿势，掌心向下。

第二节 顽皮的翁巴巴（8拍×4）

✦ 关键动作

图 2-1-3 原地踏步，摆臂　　　　图 2-1-4 双臂交替上下移动

♡ 动作与提示

1. 踏步时，双臂需较大幅度地左右摆动。

2. 双臂需交替进行上下方向的升降移动。

第三节 翁巴巴做体操（8拍×4）

✦ 关键动作

图 2-1-5 双腿分立，身体向侧方微屈　　图 2-1-6 双臂屈臂，踏步

♡ 动作与提示

1. 手臂伸直尽量贴近头部，掌心向下时手指并拢，身体较大幅度侧屈。

2. 双臂尽量伸直，双腿屈膝，身体轻微侧屈。

第四节　会动的身体部位（8 拍 × 4）

✦ 关键动作

图 2-1-7　　　　　　　　　图 2-1-8

双手抱头，髋部自然摆动　　双腿分立，双手轻拍腹部

♡ 动作与提示

1. 双手抱头，同时需注意将双肘向外打开，跟随音乐自然摆动髋部。

2. 身体轻微后仰，髋部适当向前挺。

第五节　欢快的游乐场（8拍×2）

✦ 关键动作

图 2-1-9

单臂向上，单手叉腰原地跳跃

图 2-1-10

双手向上举，原地跳跃

♡ 动作与提示

教师可根据实际的场地环境与幼儿实际情况，引导幼儿进行互动游戏，如教师变成多种身体姿态的"山洞"，幼儿有序快速地穿过等。

第六节至第十节

同第一节至第五节。

中班律动操

早晨花园里

扫码观看
演示视频

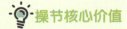
第一节　小鸟问早（8 拍 ×6）

✦ 关键动作

图 2-2-1　双臂上举

图 2-2-2　跨步，转体

♡ 动作与提示

1. 双臂上举，向两侧压腕，掌心向下。

2. 转体尽量呈 90 度，身体轻微后仰。

第二节　小花微笑（8拍×2）

✦ 关键动作

图 2-2-3　双腿并拢，半蹲　　　图 2-2-4　跨步，转体，双臂上举

♡ 动作与提示

1. 双腿屈膝，尽量半蹲，注意双腿并拢，身体适当前倾。
2. 双腿、双臂由屈到直，身体自然舒展。

第三节　蝴蝶飞舞（8拍×2）

✦ 关键动作

图 2-2-5　　　　　　　　　　图 2-2-6

双手叉腰，屈膝　　　　　小碎步移动，跳跃，双臂向后摆动

♡ 动作与提示

1. 双手叉腰，双膝微屈，小碎步往两侧快速移动。

2. 双腿向侧方跳跃，身体前屈，双臂自然向后摆。

教师可根据幼儿实际情况调整双臂的摆动频次与跳跃的方向。

第四节　小苗和大树（8 拍 × 2）

✦ 关键动作

图 2-2-7　双掌合拢，屈膝　　　图 2-2-8　双臂上举

♡ 动作与提示

1. 双掌合拢，配合压腕动作自然向上摆动。

2. 双臂伸直，身体适当后仰。

第五节　小虫探脑袋（8 拍 × 4）

✦ 关键动作

图 2-2-9　半蹲，双手手指交叉往下压

图 2-2-10　侧弓步

♡ 动作与提示

1. 双臂尽量伸直，沉肩抬头，身体轻微后仰。
2. 身体配合头部位置方向，自然转动。

第六节　蜜蜂采蜜（8 拍 × 2）

✦ 关键动作

图 2-2-11　小碎步往侧方移动

图 2-2-12　屈膝，双手并拢往前伸

♡ **动作与提示**

1. 以小碎步进行移动。

2. 双腿屈膝，手臂伸直，身体适当前屈。

教师可视幼儿实际情况改变移动方式，如迈步、跳步等。

第七节　园丁裁剪（8 拍 ×4）

✦ **关键动作**

　　图 2-2-13　　　　　　　　　　　图 2-2-14

　脚尖点地，双臂摆动　　　双腿分立，双臂交叉，身体前屈

♡ **动作与提示**

1. 双臂伸直于体前交叉，髋部自然沉降。

2. 双腿尽量伸直，身体较大幅度前屈。

第八节 呼吸闻花香（8 拍 ×4）

✦ 关键动作

图 2-2-15 双腿并拢，深呼吸　　图 2-2-16 双腿站立，双臂伸展

♡ 动作与提示

1. 调整呼吸，头部微微上扬，自然吸气、吐气。

2. 身体适当后仰，呈伸懒腰动作姿势。

中班律动操

小小花木兰

扫码观看
演示视频

第一节 木兰来了（8 拍 ×1）

✦ 关键动作

图 2-3-1

向前跨步，双臂伸展

图 2-3-2

双腿并拢，身体前屈

♡ **动作与提示**

1. 单脚向前跨步，注意步距适宜，双臂自然伸展，挺胸收腹。

2. 做俯身行礼的动作时，尽量保持身体前屈约 45 度。

第二节　战鼓响起（8 拍 ×2）

✦ **关键动作**

图 2-3-3

屈膝，半蹲

图 2-3-4

双腿分立，双手上下敲击

♡ **动作与提示**

1. 低头屈膝，双臂尽量抬高，于胸前交叠平屈。

2. 做扎马步动作，双手握拳收于腰部两侧，双肘尽量夹紧身体。

第三节　替父从军（8拍×2）

✦ 关键动作

图2-3-5　原地踏步

图2-3-6　抬腿，双手自然往后摆

♡ 动作与提示

1. 踏步时脚抬高，双肘尽量呈90度。

2. 手臂经体前向侧下方挥动，同时一腿提膝、另一腿单腿站立。

第四节　军营训练（8拍×2）

✦ 关键动作

图2-3-7　扎马步，出拳

图2-3-8　侧弓步，做"射箭"动作

♡ **动作与提示**

1. 扎马步时出拳有力，保持体态，尽量减少身体的起伏。
2. 做"射箭"动作时，双臂尽量抬高，呈侧弓步状态。

第五节　木兰，加油（8 拍 × 2）

✦ **关键动作**

图 2-3-9　原地跑动，摆臂　　　　图 2-3-10　双腿分立，转体出拳

♡ **动作与提示**

1. 小碎步奔跑时，注意摆臂有力，朝正前方。
2. 转体出拳时，身体重心尽量保持稳定，双脚尽量不移动。

第六节至第九节

同第二节至第五节。

第十节　长矛攻击

✦ 关键动作

图 2-3-11　跨步转体　　　　　　图 2-3-12　出拳

♡ 动作与提示

1. 做"骑马"动作时，双肘、双腕自然起伏抖动，身体微微转动。

2. "长矛攻击"时，手臂尽量伸直，动作有力。

第十一节　胜仗归来（8 拍 ×2）

✦ 关键动作

图 2-3-13　向侧方移动　　　　图 2-3-14　双腿分立，转体，双臂上举

♡ 动作与提示

1. 手臂在下方时保持伸直，手臂在上方时尽量抬高，头部上扬，踏步动作清晰有力。

2. 手臂伸直时贴近耳朵，压腕、转体动作干脆、有力。

中班律动操

儿童乐园

扫码观看
演示视频

操节核心价值

四肢协调性，身体移
动能力

第一节　刷牙洗脸（8 拍 ×2）

✦ 关键动作

图 2-4-1　双腿分立，身体自然扭动

图 2-4-2　转体，屈膝

♡ 动作与提示

1. 单手模仿"刷牙"动作，肘部尽量保持抬起状态。

2. 双手模仿"洗脸"动作，跳跃时尽量转体 45 度。

第二节　出发去乐园（8 拍 ×2）

✦ 关键动作

图 2-4-3　原地踏步　　　　图 2-4-4　往侧方移动，双臂自然挥动

♡ 动作与提示

1. 踏步有力，双臂于胸前屈肘握拳（拳心向内）。
2. 双臂侧上举，然后进行屈伸动作。

第三节　火车和碰碰车（8 拍 ×2）

✦ 关键动作

图 2-4-5　双脚并拢向前跳　　　图 2-4-6　屈膝，双手向前推

♡ **动作与提示**

1. 双掌合拢掌心相对，同时，双脚协调地向前、向后跳跃，小臂进行画圆的动作过程中大臂以及肩部尽量保持不动。

2. 身体微微前倾，向后移动时，需注意膝盖快速地进行屈伸转换，保持适当的动作幅度。

第四节　过山车（8拍×2）

✦ **关键动作**

图 2-4-7　　　　　　　　　　　图 2-4-8

双腿并拢，身体自然扭动　　　　双腿分立，动作定格

♡ **动作与提示**

1. 双腿依次屈伸，重心配合跨步自然沉降于双腿间。

2. 配合造型动作，鼓励幼儿自由发出"哇"的声音，更好地融入情境。

中班律动操

勇敢去探险

(推荐音乐：《我们去探险吧》)

扫码观看
演示视频

第一节　划船举桨（8 拍 × 2）

✦ **关键动作**

图 2-5-1　侧弓步，双臂向下摆动

图 2-5-2　双腿分立，双臂上举

💚 **动作与提示**

1. 弓步时尽量保持一条腿伸直，在下压过程中身体保持平稳。

2. 双臂侧上举时配合开合跳，掌心向上，头部可以微微上扬。

第二节　力量展示（8 拍 ×2）

✦ 关键动作

图 2-5-3　向侧跨步，收回　　图 2-5-4　踏步，双臂上举

♡ 动作与提示

1. 肘部夹角尽量呈 90 度。
2. 双臂上举尽量保持手臂伸直。

第三节　投掷探路（8 拍 ×1）

✦ 关键动作

图 2-5-5　　　　　　　图 2-5-6

双腿分立，身体向侧方微屈　双腿分立，弯腰，手臂绕圈

♡ 动作与提示

1. 手臂从平举状态变成单手叉腰状态，例如：右手叉腰，左手配合腰部转动，进行投掷动作（手臂控制在斜 20－45 度位置）。

2. 手臂配合弯腰，进行绕环动作。例如：左手叉腰，右手绕环并弯腰。

第四节　加油打气（8 拍 ×1）

✦ 关键动作

图 2-5-7　原地踏步　　　　图 2-5-8　原地跳跃，转圈一周

♡ 动作与提示

1. 原地踏步，双手十指相扣于胸前。

2. 双脚原地跳跃转圈一周，在跳跃过程中尽量不远离原点。

第五节

同第一节。

第六节

同第一节。

第七节　欢快回家（8拍×2）

✦ **关键动作**

图 2-5-9　向前跨步，出拳　　图 2-5-10　双脚并拢，双手向上举

💚 **动作与提示**

原地踏步，手臂做"出拳"动作，身体微微前屈。

第八节至第十节

同第二节至第四节。

中班律动操

动物朋友聚会啦

(推荐音乐：《哎呀呀》)

扫码观看
演示视频

第一节　小螃蟹（8 拍 ×1）

✦ 关键动作

图 2-6-1

脚尖点地，单手叉腰

图 2-6-2

左右两侧交换动作

♡ **动作与提示**

1. 手部动作幅度可以大一些，肘部尽量抬高。

2. 转换重心时尽量快速灵活，胯部跟随音乐自由摆动。

第二节　小企鹅（8 拍 × 4）

✨ **关键动作**

图 2-6-3　　　　　　　　　　图 2-6-4

双脚分立，双臂侧下举　　　双脚分立，自然扭胯

♡ **动作与提示**

1. 进行钩脚动作时脚后跟尽量贴近臀部，双臂侧下举。

2. 双脚分立，间距适当（同肩宽），双臂伸直，胯部跟随音乐左右摆动。

第三节 小天鹅（8拍×2）

✦ 关键动作

图 2-6-5 向左右两侧跨步　　　　图 2-6-6 转体一周

♡ 动作与提示

1. 向侧跨步时，身体微微前屈，换方向时需尽量快速、准确。

2. 踮脚转体一周，在转体过程中尽量保持踮脚的状态，双臂上下摆动时动作幅度适当，可尽量柔和一些。

第四节 跳跳蛙（8拍×2）

✦ 关键动作

图 2-6-7　　　　　　　　　　图 2-6-8

单手叉腰，双脚并拢向左、右两侧跳跃　　原地跳跃，双臂上举自然挥动

♡ **动作与提示**

1. 并脚跳时，注意肘部尽量抬高，头部的转动尽量明显。

2. 屈膝半蹲时尽量保持肘部的高度（与肩持平）。

第五节至第七节

同第二节至第四节。

第八节　自由整理放松（8拍×2）

✦ 关键动作

图 2-6-9　　　　　　　　　　图 2-6-10

双腿并拢，双手作托腮状　　　双腿分开站立

♡ **动作与提示**

可自由做放松整理动作。

中班器械操

凳子小舞台

扫码观看
演示视频

第一节 小脚准备（8 拍 ×2）

✨ **关键动作**

图 2-7-1 挺胸收腹，坐在凳子上

图 2-7-2 向两侧斜前方伸腿

♡ **动作与提示**

1. 保持坐姿，提踵两次。

2. 向斜前方伸腿时腿部尽量伸直，注意钩脚尖。

第二节　手脚准备（8 拍 ×2）

✨ 关键动作

图 2-7-3　双脚并拢向前伸，身体前屈　　图 2-7-4　双臂、双腿外展

♡ 动作与提示

1. 在坐位体前屈的过程中，双腿尽量伸直，注意钩脚尖。

2. 扩胸分腿时需注意重心的控制，避免过度用力而后仰摔倒。

第三节　身体准备（8 拍 ×2）

✨ 关键动作

图 2-7-5　双腿外展，双手叉腰　　　图 2-7-6　身体侧屈

🖤 动作与提示

1. 双手叉腰分腿开立，提踵两次。

2. 保持腿部姿势，身体较大幅度地侧屈。

第四节　转身表演（8拍×2）

✦ 关键动作

图 2-7-7　　　　　　　　　　　　图 2-7-8

双臂侧平举，单腿抬起　　　　　　　　转体

🖤 动作与提示

1. 双臂侧平举，单腿抬起呈水平状。

2. 身体转动尽量呈 90 度，保持平衡。

第五节　平衡表演（8 拍 ×2）

✦ 关键动作

图 2-7-9　向侧方转动　　　　图 2-7-10　抬腿两次

♡ 动作与提示

1. 进行身体转动时迈小碎步，在此过程中保持身体平衡。
2. 在收腿保持平衡的过程中，尽量使双腿抬高。

第六节　跳跃表演（8 拍 ×2）

✦ 关键动作

图 2-7-11　单脚踩在凳子上　　图 2-7-12　从凳子上往下跳跃

♡ **动作与提示**

1. 单脚踩在凳子上，双臂侧平举。

2. 单脚蹬踩凳面，起跳后尽量于头部上方击掌。

3. 注意选用较矮、较稳的凳子，根据幼儿水平，活动时可适当降低难度。

第七节至第十二节

同第一节至第六节。

第十三节　支撑表演（8 拍 ×2）

✦ **关键动作**

图 2-7-13　双手支撑于凳面上　　图 2-7-14　保持支撑动作

♡ 动作与提示

1. 双手支撑于凳面上，身体挺直，双脚尽量向后蹬，不塌腰、不撅臀。

2. 保持支撑动作，双脚小步迈进。

中班器械操

神奇海绵棍

扫码观看
演示视频

操节核心价值

器具操控能力，四肢
协调

本操节中所用器具

海绵棍

第一节　海绵棍来啦（8 拍 ×2）

✦ 关键动作

图 2-8-1

原地踏步，脚跟向侧前方点地

图 2-8-2

脚尖向侧后方点地

♡ 动作与提示

　　双手持棍的两端，配合踏步动作于体前不同位置进行定格，过程中双臂尽量伸直。

第二节　棍儿秀（8拍×2）

✦ 关键动作

图 2-8-3 　　　　　　　　　　　图 2-8-4

双腿分立，单手持棍，绕棍转圈　　　双手持棍，扭胯

♡ 动作与提示

　　1. 双腿分立，单手持棍撑于地面，以小碎步动作绕棍跑一圈。

　　2. 双手撑棍，左右自然扭胯。

第三节 棍儿乐（8 拍 ×2）

✨ 关键动作

图 2-8-5 双腿分立，转体　　图 2-8-6 双臂直上举，身体向侧方微屈

♡ 动作与提示

1. 持棍转体时，需注意双腿应伸直，头部转向正后方，在此过程中双手尽量不脱离海绵棍。

2. 持棍做体侧运动时，需注意双臂尽量在头部两侧，尽量不向前或后倾倒。

第四节 棍儿亮（8 拍 ×2）

✨ 关键动作

图 2-8-7 两人面对面，屈膝准备　　图 2-8-8 两人面对面挥棍

♡ 动作与提示

1. 两人面对面挥棍，棍体碰撞一次。

2. 持棍挥动时，需注意挥击动作应由耳边始至碰撞止。

备注

1. 教师需注意海绵棍的长短、幼儿队列间距，以免挥击时被同伴误伤或误伤同伴。

2. 提醒幼儿这是互相配合的动作，并不是互相攻击。

第五节至第八节

同第一至第四节。

中班器械操

篮球勇士

扫码观看
演示视频

💡 操节核心价值

操控球类能力

本操节中所用器具
建议 3-4 号球

第一节　原地运球（8 拍 ×2）

✨ 关键动作

图 2-9-1　双脚分立，半蹲，拍球

图 2-9-2　双手持球，抬腿

💚 动作与提示

1. 双脚分立，比肩稍宽；运球时注意落点尽量在脚部斜前方；需注意单手架于体前时肘部应尽量抬高；身体微微前屈，重心放低；头朝正前方。

2. 左右手交替运球时，需注意运球的次数与节奏，以便提前做好动作的转换准备。

第二节　拿球举球（8 拍 ×2）

✨ 关键动作

图 2-9-3

双手持球，原地踏步

图 2-9-4

双脚分立，双手持球直上举

💚 动作与提示

1. 双手持球于胸前，配合原地踏步动作；踏步动作可视幼儿实际情况，适当改变时长与频次。

2. 双手持球直上举，配合开合跳一次，动作转换时干脆、有力。

第三节 双手运球（8拍×2）

✨ 关键动作

图 2-9-5　双脚分立，双手来回运球

💚 动作与提示

　　双手运球时，需注意双脚分立，比肩稍宽；身体微微前屈，重心放低；双手手指分开并微微弯曲，进行双手交替运球，配合连续屈膝动作。

第四节 传球练习（8拍×2）

✨ 关键动作

图 2-9-6　向前跨步，双手推球

图 2-9-7　转体，跨步，双手推球

♡ 动作与提示

1. 双手持球于胸前，通过肘部的屈伸进行快速推球，在此过程中手臂尽量伸直。

2. 在转向过程中，脚后跟点地动作需准确、干脆，同时尽量保持身体平衡。

第五节　抛接篮球（8 拍 ×2）

✦ 关键动作

图 2-9-8　单腿抬起，向上抛球　　图 2-9-9　双脚分立，抛接球

♡ 动作与提示

1. 通过手指和手腕用力进行颠球，配合原地踏步动作，踏步动作可视幼儿实际情况，适当改变时长与频次。

2. 在双手抛接球过程中，需注意抛球的高度与方向，以保证接球时球可持续弹起且手部能顺利、及时地进行下一个动作。

第六节　跪地运球（8 拍 × 2）

✦ 关键动作

图 2-9-10　单膝跪地，单手运球

图 2-9-11　双膝跪地，单手运球

♡ 动作与提示

1. 单膝跪立；单手运球，另一只手呈防守姿势，架于体前。

2. 通过双膝跪立的动作进行左右手交换运球，在此过程中尽量保持腰背挺直；提示幼儿运球的力度，以保证球可持续弹起。

3. 进行此环节时，地面不宜太硬。

中班器械操

守门员和裁判

(推荐音乐:《加油!加油!》)

扫码观看
演示视频

本操节中所用器具

建议 3-4 号球

第一节　守门员接球（8 拍 ×2）

✦ 关键动作

图 2-10-1　原地小碎步跑动

图 2-10-2　双臂斜上举

♡ 动作与提示

1. 原地小碎步跑动时步距不宜过小。

2. 双臂的屈伸转换时干脆、有力，紧跟节奏。

第二节 守门员传球（8 拍 × 2）

✦ 关键动作

图 2-10-3　　　　　　　　　图 2-10-4

小碎步向两侧跑动　　　　双脚分立，向前推球

♡ 动作与提示

1. 横向移动时，需注意身体重心放低。

2. 做胸前传球动作时提醒幼儿双手抓紧球，尽量不掉落。

第三节　小小裁判员（8 拍 × 4）

✦ 关键动作

图 2−10−5

原地踏步，单臂向前伸

图 2−10−6

踏步，转体一周，双臂交替向前

♡ 动作与提示

1. 配合原地踏步动作，单臂平屈于胸前，另一臂向前伸模仿"出示黄牌"警告的手势。

2. 原地踏步向右转体，每次转体尽量呈 90 度。

第四节 顶球举球（8拍×2）

✦ 关键动作

图 2-10-7

交替抬腿

图 2-10-8

原地跳跃，双脚分立，双臂直上举

♡ 动作与提示

1. 持球与左右膝盖依次碰撞，提醒幼儿注意力度适中，尽量不让球掉落。

2. 从胸前向上举球，过程中双臂、双腿尽量伸直。

第五节

同第二节。

第六节　加油足球（8 拍 ×1）

✦ **关键动作**

图 2-10-9　　　　　　　　　　图 2-10-10

原地踏步，持球向上举　　　双脚并拢，向上抛球

♡ **动作与提示**

1. 原地踏步，双手揉球，动作可尽量明显。

2. 在自抛、自接球的过程中，需注意抛球的高度适中，尽量做到接住球不掉落。

中班器械操

毛巾变身

(推荐音乐:《鸡蛋摇滚乐》)

扫码观看
演示视频

本操节中所用器具

毛巾

第一节　毛巾小超人（8 拍 ×2）

✨ **关键动作**

图 2-11-1　双脚分立,自然扭胯

图 2-11-2　单腿抬起

♡ **动作与提示**

1. 双脚分立，配合上肢动作（双手于胸前、头顶上方左右来回拉拽毛巾），跨步，跟随音乐进行左右摆动。

2. 做抬腿动作时膝盖尽量抬高，注意手臂尽量伸直。

第二节　毛巾神射手（8拍×2）

✦ **关键动作**

图 2-11-3

侧弓步，手臂斜向上举

图 2-11-4

转体，双臂直上举

♡ **动作与提示**

1. 侧弓步时步距尽量大，双肘尽量保持在一条直线上。

2. 做直上举动作时手臂尽量伸直，转体、下蹲时注意保持平衡。

第三节　毛巾大力士（8拍×2）

✦ 关键动作

图 2-11-5

向前跨步，双手向前伸

图 2-11-6

双脚分立，半蹲，双臂向上举

♡ 动作与提示

1. 向前跨弓箭步时需快速有力、步距尽量大，双手向前推时手臂尽量伸直。

2. 双脚向后并脚跳呈马步姿势落地，双臂直上举时手臂尽量伸直，全程保持抬头挺胸。

中班器械操

欢乐的天空

（推荐音乐：《孩子的天空》）

扫码观看
演示视频

本操节中所用器具

自制彩带，可用类似物品代替

第一节　预备热身（8拍×2）

✦ 关键动作

图 2-12-1

双腿并拢，双手持彩带上举

图 2-12-2

双手持彩带摆动

♡ 动作与提示

双脚并立，双臂向上，动作舒展。

第二节　欢乐踏步（8 拍 × 2）

✦ 关键动作

图 2-12-3　原地跑动　　　　图 2-12-4　双手持彩带上举

♡ 动作与提示

1. 双手持彩带两端紧贴于腰间；后踢腿时脚跟尽量抬高，可触碰臀部。

2. 原地站立，双臂上举，动作尽量舒展。

第三节　遨游宇宙（8拍×4）

✦ 关键动作

图 2-12-5

双腿微屈，转体，持彩带向后甩

图 2-12-6

向另一侧转体

图 2-12-7

双腿并拢，双臂向上举

图 2-12-8

双臂交叠于胸前，原地跑动

♡ 动作与提示

1. 身体需随双臂动作微微侧屈。

2. 双臂屈肘至胸前交叉，后踢腿跳跃时脚后跟尽量触碰臀部。

第四节 自由挥舞（8 拍 ×2）

✦ 关键动作

图 2-12-9

跨步，一手持彩带画圈

图 2-12-10

另一手持彩带画圈

♡ 动作与提示

1. 双腿开立，比肩稍宽；手持彩带画圈，保持重心稳定。

2. 跳跃时，双臂屈肘于体侧，随音乐前后自然摆动。

第五节　开心跑跳（8 拍 ×4）

✨ 关键动作

图 2-12-11

双手上举，持彩带甩动

图 2-12-12

体前屈

图 2-12-13

双臂自然展开，绕圈跑动

图 2-12-14

跑回至原点，双臂自然向下抖动，身体放松

♡ 动作与提示

1. 双臂侧上举时，跟随音乐自然点头，自由抖动手里的彩带。

2. 体前屈时，注意保持重心稳定。

可重复第二节至第五节。

第六节　一起放松（8 拍 ×2）

✦ 关键动作

图 2-12-15

双腿微屈，双手持彩带交叉上举

图 2-12-16

双腿微屈，双手持彩带向下移动，
身体放松

♡ 动作与提示

双臂向上举彩带时，身体重心随彩带的轨迹变化转移。

中班徒手体操

在森林里

(推荐音乐：《我们这样长大》)

扫码观看
演示视频

第一节　迎接太阳（8拍×2）

✦ 关键动作

图 2-13-1

双腿并拢，双臂侧上举，随后击掌

图 2-13-2

跨步，双腿分立，双臂侧上举，随后击掌

💚 动作与提示

1. 双腿并拢；双臂侧上举，与颈部夹角尽量呈 45 度，自肩至手指尽量保持伸直；头部微微上扬。

2. 双腿开立，上肢动作姿势尽量保持稳定。

第二节　拥抱小熊（8 拍 ×2）

✨ 关键动作

图 2-13-3

双腿并拢，扩胸

图 2-13-4

跨步，双腿分立，双臂往前伸

💚 动作与提示

1. 双臂于胸前平屈，向后时需注意动作幅度适中。

2. 双臂伸直，动作快速有力。

第三节　躲避蜘蛛

✦ 关键动作

图 2-13-5

双腿分立，脚跟点地，双手叉腰

图 2-13-6

原地踏步

♡ 动作与提示

1. 做脚后跟点地动作时需移动身体重心，以便于腿部伸直。
2. 提膝抬腿时，膝盖尽量贴近腹部，脚落地踩踏时平稳有力。

第四节　遇见彩虹（8 拍 ×4）

✦ 关键动作

图 2-13-7

双腿并拢，踮脚，单臂直上举

图 2-13-8

跨步，身体侧屈

💚 动作与提示

1. 单臂直上举，腕部自然转动。

2. 单侧腿需尽量伸直，脚尖点地；手臂伸直，尽量贴近头部，五指张开，掌心向前；身体轻微侧屈。

第五节　螳螂先生（8 拍 ×2）

✨ 关键动作

图 2-13-9　双腿分立，转体　　　图 2-13-10　半蹲，单手叉腰

💚 动作与提示

1. 转体尽量呈 90 度，做挥甩动作时手臂伸直、停于正侧方。

2. 双腿分立屈膝，单侧手臂经胸前绕至正侧方止，身体保持平稳。

第六节　大力猩猩（8 拍 ×2）

✦ 关键动作

图 2-13-11　双腿并拢，屈肘　　　图 2-13-12　双腿分立，身体前屈

♡ 动作与提示

1. 双腿并拢，肘部尽量呈 90 度。

2. 身体前屈较大幅度，双腿尽量伸直。

第七节　袋鼠跳跃（8 拍 ×2）

✦ 关键动作

图 2-13-13　　　　　　　　图 2-13-14

单腿站立，双臂展开　　　　双腿并拢，双臂向前伸

♡ **动作与提示**

1. 单腿平衡站立，双臂伸直，尽量保持身体平稳。

2. 双腿微屈，双臂伸直，双手并拢掌心向下。

第八节　走出森林（8 拍 ×4）

✦ **关键动作**

图 2-13-15　原地踏步　　　图 2-13-16　踮脚，双手叉腰

♡ **动作与提示**

1. 踏步时调整呼吸，双手叉腰。

2. 跟随音乐进行提踵，保持呼吸均匀。

中班徒手体操

快乐运动操

（推荐音乐：《运动真奇妙》）

扫码观看
演示视频

第一节　伸展运动（8 拍 × 2）

✦ 关键动作

图 2-14-1

跨步，双手于头部上方击掌

图 2-14-2

双腿分开，屈膝，双臂侧平举

♡ **动作与提示**

1. 双臂伸直，尽量贴近头部并于头部正上方击掌两次；头部可微微上扬。

2. 屈膝开立，步距较大；侧平举动作快速有力。

第二节 腿部运动（8 拍 ×2）

✦ **关键动作**

图 2-14-3 跨步，双手叉腰　　图 2-14-4 原地踏步

♡ **动作与提示**

1. 向正侧方迈腿，步距适宜，比肩稍宽；膝盖需放松，以便快速将腿收回。

2. 做原地踏步动作时，注意摆臂幅度与摆臂力度适中。

第三节　扩胸运动（8拍×2）

✦ 关键动作

图 2-14-5　跨步，双臂屈伸　　图 2-14-6　跨步，双臂上举

♡ 动作与提示

1. 双臂于胸前屈伸时需注意幅度适中，不宜过大或过小。

2. 双臂上举时，肘部尽量呈 90 度。

第四节　体侧运动（8拍×2）

✦ 关键动作

图 2-14-7　　　　　　　　　图 2-14-8

跨步，单手叉腰　　　　身体向侧方微屈，单臂向上举

♡ **动作与提示**

1. 单侧手臂尽量不要远离躯干。

2. 手臂伸直尽量贴近头部，五指张开，掌心向前，手腕自然转动；身体较大幅度侧屈。

第五节 体转运动（8 拍 × 2）

✦ **关键动作**

图 2-14-9

跨步，转体，击掌

图 2-14-10

双腿并拢，双臂向上举

♡ **动作与提示**

1. 单侧手臂侧平举，另一侧手臂伸直绕 180 度经胸前于正侧方止，配合转体尽量呈 90 度。

2. 双臂直上举，手指并拢掌心向正侧方。

第六节　腹背运动（8拍×2）

✦ 关键动作

图 2-14-11

双腿并拢，体前屈

图 2-14-12

跨步，身体向侧前方微屈

♡ 动作与提示

1. 体前屈，双腿需伸直，双手轻拍膝盖位置。
2. 体前屈，双腿需伸直，双手轻拍膝盖外侧位置。

第七节　跳跃运动（8拍×2）

✦ 关键动作

图 2-14-13

跳跃，跨步，双手向上举

图 2-14-14

跳跃，双臂侧上举

♡ 动作与提示

1. 屈膝开立，肘部尽量呈 90 度，需快速做出定格姿势。

2. 双臂与颈部夹角尽量呈 45 度，头部可微微上扬。

第八节　整理运动（8 拍 ×2）

✦ 关键动作

图 2-14-15　原地踏步　　　图 2-14-16　双臂缓慢画圈

♡ 动作与提示

1. 保持踏步动作，双臂前平举，双掌合拢。

2. 双手需经过翻掌动作缓慢落下。

第三章

大班操节

大班律动操

活力翁巴巴

(推荐音乐：《绿森林的翁巴巴体操》)

扫码观看
演示视频

第一节　翁巴巴，你好（8 拍 ×2）

✦ 关键动作

图 3-1-1

双腿分开，单手叉腰，身体向侧方微屈

图 3-1-2

屈膝，身体前倾

♡ 动作与提示

1. 单侧腿需尽量伸直，脚尖点地；手臂伸直尽量贴近头部，五指张开，掌心向外；身体轻微侧屈。

2. 轻微屈膝，肘部尽量呈 90 度。

（最后两拍视频中是原地双脚连跳两次，教师可根据幼儿实际情况改动，如原地跳一次、踮脚跳一次等。）

第二节　神气地走路（8 拍 ×2）

✦ 关键动作

图 3-1-3　原地踏步　　　图 3-1-4　原地踏步、屈肘，摆动手臂

♡ 动作与提示

1. 踏步有力，膝盖抬高；双臂可较大幅度前后摆动。

2. 双臂于胸前平屈，肘部的上下摆动可尽量明显一些。

第三节　大家一起做体操（8 拍 × 2）

✦ 关键动作

图 3-1-5　双腿并拢，转体　　　图 3-1-6　双腿分开，身体侧屈

💗 动作与提示

1. 双臂伸直，需注意后方的手臂保持应有高度。

2. 单侧手臂需伸直，尽量贴近头部，身体较大幅度侧屈。

第四节　搓一搓小手（8 拍 × 2）

✦ 关键动作

图 3-1-7　双臂上举，原地踏步　　　图 3-1-8　双臂前平举

♡ **动作与提示**

1. 肘部尽量呈 90 度，双手握拳。

2. 前平举动作干脆有力，双掌掌心相对快速搓动。

第五节　身体部位动起来（8 拍 ×2）

✦ **关键动作**

图 3-1-9　　　　　　　　　　　图 3-1-10

双腿分开，自然扭胯　　　　　双腿分开，轻拍腹部

♡ **动作与提示**

1. 双手抱头，需注意将双肘向外打开，髋部跟随音乐快速摆动。

2. 身体轻微后仰，髋部适当向前挺。

第六节　小矮人走路（8 拍 × 2）

✦ 关键动作

图 3-1-11　跨步, 脚尖点地, 双臂上举　　图 3-1-12　屈膝, 踏步

♡ 动作与提示

1. 踏步时, 双臂较大幅度左右摆动。

2. 需保持身体前屈姿势。

第七节　招呼伙伴（8 拍 × 2）

✦ 关键动作

图 3-1-13

跨步, 脚尖点地, 双臂上举

图 3-1-14

踏步, 双臂自然伸展

🩵 动作与提示

1. 双臂伸直，身体左右摇摆时，腕部自然放松；身体轻微侧屈。

2. 肘部尽量呈 90 度。

第八节　和伙伴玩耍（8 拍 ×2）

✦ 关键动作

图 3-1-15

小碎步绕圈

图 3-1-16

双腿并拢，转体，双臂往前伸

🩵 动作与提示

1. 与一个或以上的伙伴双臂互挽旋转跑跳，能及时回到指定位置即可。

2. 与伙伴击掌游戏，在规定时长内可与多个伙伴击掌。

教师可根据实际的场地环境与幼儿状态来调整互动游戏的内容，如以肩膀碰肩膀的方式与伙伴打招呼、以脚碰脚的方式与伙伴打招呼等。

大班律动操

动物大星球

扫码观看
演示视频

第一节　扭扭的蚯蚓（8 拍 ×2）

✦ **关键动作**

图 3-2-1

双腿并拢，双手叉腰，左右扭胯

图 3-2-2

屈膝，半蹲

♡ **动作与提示**

半蹲时注意保持平衡。

第二节 长脖子的长颈鹿（8拍×4）

✦ 关键动作

图 3-2-3 单臂直上举

图 3-2-4 跨步，转体

♡ 动作与提示

1. 手臂伸直，腕部自然翻转。

2. 上举的单侧手臂可适度压腕，叉腰的手臂可适度抬高。

第三节 横着走的螃蟹（8拍×4）

✦ 关键动作

图 3-2-5 双腿分立，屈膝，身体前屈

图 3-2-6 单腿抬起，击掌

♡ **动作与提示**

1．双腿微屈，双臂肘部尽量呈 90 度，手指分开向下，掌心向后。

2．重心可微微后移，以保证单腿站立时保持平衡。

第四节　吐泡泡的鱼（8 拍 ×4）

✦ **关键动作**

图 3-2-7　屈膝，半蹲　　　　图 3-2-8　双腿并拢，双臂侧上举

♡ **动作与提示**

1．从屈膝到直腿的过程需慢慢进行，不宜快速完成。

2．双掌间距慢慢地由近到远，头部可微微上扬。

第五节　飞行的燕子（8拍×4）

✦ 关键动作

图 3-2-9　单腿站立，双臂伸直　　　图 3-2-10　双臂振动

♡ 动作与提示

1. 站立的腿尽量伸直，身体保持平衡。
2. 屈膝的单侧腿膝盖尽量朝侧前方，身体轻微侧屈。

第六节　爬行的蚂蚁（8拍×4）

✦ 关键动作

图 3-2-11　侧弓步，双手撑地　　　图 3-2-12　原地旋转爬行

♡ **动作与提示**

1. 单侧腿尽量伸直，脚尖与脚跟尽量不离地；双掌需按压于地面上。

2. 原地旋转爬行时，膝盖尽量不触碰地面，身体移动范围不宜过大。（注意尽量在光滑平整的地面上做此动作）

第七节　好斗的甲壳虫（8 拍 ×2）

✦ **关键动作**

图 3-2-13　　　　　　　　图 3-2-14

两人单腿站立，角力　　双腿分立，身体前屈，两人角力

♡ **动作与提示**

1. 两人的脚内侧轻微触碰，身体需尽量保持平衡。

2. 互相角力时需注意时长，以保证做好下一个动作的准备。

第八节　友爱的啄木鸟（8 拍 ×4）

✦ 关键动作

图 3-2-15　互相轻拍背部

图 3-2-16　击掌

♡ 动作与提示

1. 手指并拢，以手掌进行轻拍，速度与位置可自主决定。

2. 击掌欢呼时，除了视频中的伸臂击掌外，动作可更为多元化、丰富化。

大班律动操

木兰从军

扫码观看
演示视频

操节核心价值

身体控制和平衡，跳跃能力

第一节　预备（8拍 ×1）

✦ 关键动作

图 3-3-1

单腿向前跨步，双臂展开

图 3-3-2

双臂前伸，微微弯腰

♡ **动作与提示**

1. 需提醒幼儿，单脚向前跨步时注意步距适宜，双臂自然展开，身姿挺拔。

2. 做俯身行礼的动作时，尽量保持身体前屈约 45 度。

第二节　战鼓响起（8 拍 ×2）

✦ **关键动作**

图 3-3-3

双腿分立，膝盖微屈

图 3-3-4

跨步，双臂呈敲鼓状

♡ **动作与提示**

1. 做扎马步的动作时，双手握拳收于腰部两侧（拳心向上），双肘自然夹紧身体。

2. 双肘抬起不掉落，肘部夹角尽量呈 90 度。

第三节　替父从军（8拍×2）

✦ 关键动作

图 3-3-5　原地踏步，单臂前屈　　　图 3-3-6　跨步，体侧屈

♡ 动作与提示

1. 踏步时膝盖尽量抬高，单臂于胸前平屈握拳（拳心向下）。

2. 体侧屈时非主力腿尽量伸直，单侧手臂伸直尽量贴于耳边，身体微微侧屈。

第四节　军营训练（8拍×2）

✦ 关键动作

图 3-3-7　开合跳　　　　　图 3-3-8　跨步，作拉弓状

♡ **动作与提示**

1. 开合跳动作尽量标准，提醒幼儿动作完成后应尽量保持在原地。

2. 向侧跨步时步距尽量做到比肩宽；一侧手臂伸直，另一侧手臂屈肘，屈肘时注意肘部尽量保持抬起。

第五节　木兰，加油（**8** 拍 ×**2**）

✦ **关键动作**

图 3-3-9　小碎步跑动　　　图 3-3-10　往左、右两侧跳跃

♡ **动作与提示**

1. 碎步跑时，肩膀放松，身体需微微前倾。

2. 双手叉腰进行左右跳跃时，注意跳跃的距离适中，保持身体的稳定。

第六节至第十节

同第二节至第五节。

第十一节　长矛攻击

✦ 关键动作

图 3-3-11　　　　　　　　　　图 3-3-12

双腿分立，一手向上举，跳跃　　　跨步，转体，双手前伸

♡ 动作与提示

1. 模仿"骑马"动作时，双臂均需保持抬高，肘、腕放松。

2. 身体右转完成"突刺"动作时，应是右臂在上；身体左转时，以此类推。

第十二节 胜仗归来（8 拍 ×2）

✦ **关键动作**

图 3-3-13 踏步，屈臂　　图 3-3-14 转体，双手向上举

♡ **动作与提示**

1. 转体尽量呈 45 度，配合踏步，踏步时注意抬头挺胸。

2. 配合转体动作，双臂尽量伸直并夹紧耳朵，转体尽量呈 90 度。

自编儿歌供参考：

木兰本为女儿身，边关战鼓咚咚响；

替父从军有孝心，女扮男装上战场。

跳高跳高，哈 ——，拉弓射箭有力量；

努力奔跑加加油，左 —— 右 —— 左 —— 右。

快马加鞭，驾！驾！长矛攻击！哈！

胜仗归来齐欢庆，咚咚！哈！

大班律动操

我是小木匠

扫码观看
演示视频

第一节　扇风预备

 关键动作

图 3-4-1　双腿分立，单手叉腰，单手随意摆动

动作与提示

做"扇风"的动作时需放松身体，可适当转体。

第二节　准备出发（8 拍 ×2）

✦ 关键动作

图 3-4-2

双腿分立，单手叉腰，另一手屈臂

图 3-4-3

微微屈膝，双手交叠

♡ 动作与提示

1. 肘部夹角尽量呈 90 度，握拳有力。

2. 俯身前屈时，呈钩脚状的腿需尽量伸直。

第三节　伐木（8 拍 ×2）

✦ 关键动作

图 3-4-4

双腿分立，双手交叠作伐木状

图 3-4-5

双腿分立，弯腰

💙 动作与提示

1. 双拳尽量贴近耳边，配合体转进行"砍伐"动作。

2. 身体前屈，幅度尽量大。

第四节　锯木（8 拍 ×2）

✨ 关键动作

图 3-4-6　　　　　　　　　　　图 3-4-7

双腿分立，两人牵手作推拉状　　绕圈跑动，两人交换位置

💙 动作与提示

1. 两人面对面握手，先后进行推拉动作，在此过程中腿部尽量不移动，身体保持平衡。

2. 跑动交换位置时，需提前确定好移动方位，避免碰撞。

第五节　打钉粉刷（8 拍 × 2）

✦ 关键动作

图 3-4-8

往侧方跨步，双手作敲击状

图 3-4-9

原地跳动转圈

♡ 动作与提示

1. 做"打钉子"动作时需尽量抬高手臂。
2. 做"粉刷"动作时手臂尽量抬起，保持一定高度。

第六节至第九节

同第二节至第五节。可视情况增减运动量。

第十节　乔迁欢庆（8拍×2）

✦ 关键动作

图 3-4-10　　　　　　　　　　图 3-4-11

双腿分立，双手举向侧上方　　　小碎步跑动，双手自然伸展

♡ 动作与提示

1. 手臂伸直贴紧耳朵，压腕两次。

2. 踏步向前，双臂同时于体前缓慢上举。

做"乔迁欢庆"的动作时可让幼儿自主选择表示庆贺的动作，或双人、小组合作完成动作。

大班律动操

小小探险家

（推荐音乐：《我们去探险吧》）

扫码观看
演示视频

第一节　准备出发（8 拍 ×2）

✦ 关键动作

图 3-5-1

单膝跪立，双手向侧后方摆动

图 3-5-2

双腿分立，双手向上举

♡ **动作与提示**

1. 单膝跪立，做动作时需抬高肘部。

2. 双臂由里向外画圈直至呈侧上举状，下肢配合，由跪立的动作逐渐变为站立的动作。

第二节　翻山越岭（8拍×4）

✦ **关键动作**

图 3-5-3　双腿分立，双手握拳向上举　　图 3-5-4　双臂展开，单脚跳跃

♡ **动作与提示**

1. 左右迈步时，步距不宜过小，双腿屈膝半蹲，肘部尽量保持抬高。

2. 单脚跳跃时需尽量保持上肢动作平稳，双臂尽量伸直。

第三节

同第一节。

第四节　激流勇进（8 拍 ×2）

✦ 关键动作

图 3-5-5

小碎步跑动，双臂绕圈

图 3-5-6

双膝微屈，弯腰

♡ 动作与提示

1. 后踢腿跑，双臂交替在侧方画圈，模仿"游泳"动作。

2. 双脚并拢向前跳，配合上肢动作呈"跳水"姿势。

第五节

同第二节。

第六节

同第一节。

第七节　努力加油（8拍×4）

✦ 关键动作

图 3-5-7

原地跑动

图 3-5-8

向前跳跃，单手叉腰，另一手向上举

♡ 动作与提示

1. 做原地奔跑动作时需尽量高抬腿，摆臂明显、有力。

2. 单脚跳跃时，需尽量保持身体平衡；单手做"加油"动作时，肘部尽量保持抬高。

大班律动操

小鸟乐园

（推荐音乐：《哎呀呀》）

扫码观看
演示视频

第一节　小八哥（8拍 ×2）

✦ **关键动作**

图 3-6-1

双腿分立，双手向上，自由摆动

图 3-6-2

双腿分立，双手向上，自由摆动

♡ **动作与提示**

1. 用手部动作表示汉字"八"，手腕左右转动，双肘夹角尽量呈 90 度。

2. 转换重心时尽量快速灵活，胯部随音乐自由摆动。

第二节　小仙鹤（8 拍 ×8）

✦ **关键动作**

图 3-6-3　　　　　　　　　　　图 3-6-4

单腿站立，另一腿内踢　　　跨步，一手叉腰，另一臂前平屈

♡ **动作与提示**

1. 做内踢动作时尽量抬高脚部，一只手触碰脚内侧；另一只手呈侧平举，尽量保持身体平衡。

2. 单臂于胸前平屈，手部握拳并沿肘部方向朝侧方做"拉"的动作。

第三节 小天鹅（8 拍 ×4）

✦ 关键动作

图 3-6-5　　　　　　　　　　　　　　图 3-6-6

小碎步踏步，双臂举起、落下　　　　双腿分立，单脚钩脚尖

♡ 动作与提示

1. 双臂伸直，于身体两侧轻柔举起、落下，过程中注意手腕的抬压动作。

2. 脚后跟快速点地，保持身体平衡、稳定，微微侧身。

第四节 小山鹰（8 拍 ×4）

✦ 关键动作

图 3-6-7　双臂伸展，单脚站立　　　图 3-6-8　原地跳跃，单手向上

♡ 动作与提示

1. 双臂微微弯曲于身体两侧位置，小臂划圈。

2. 做"燕式平衡"的动作时需尽量保持身体平衡，可提示幼儿根据自身的平衡能力适度调节后侧腿的高度。

第五节至第七节

同第二节至第四节。

第八节

同第一节。

大班器械操

神秘的龟壳

扫码观看
演示视频

💡 操节核心价值

身体控制与平衡，下
肢力量

本操节中所用器具

可用类似物品替换

第一节 这是我的"壳"（8拍×2）

✦ 关键动作

图 3-7-1 双手持物，踏步

图 3-7-2 跨步，双手叉腰

♡ 动作与提示

1. 手持"壳"配合踏步动作，需注意"壳"的里面向外。

2. 放置"壳"的位置应在身体正前方，跨步时腿尽量抬高。

第二节　坐着转圈（8拍×2）

✦ 关键动作

图 3-7-3　　　　　　　　图 3-7-4

坐在"壳"上，双臂展开　　　转圈

♡ 动作与提示

1. 双臂侧平举，双腿并拢，过程中尽量保持平衡不掉落。

2. 通过小碎步进行身体方位的转换，过程中需提醒幼儿动作干脆利落，方位准确。

第三节 站着不倒（8拍 ×2）

✦ 关键动作

图 3-7-5 图 3-7-6

双臂展开，单脚站在"壳"上 双腿分立，俯身一手轻拍"壳"，另一手臂上举

♡ 动作与提示

1. 单腿站立于"壳"上，提醒幼儿展开双臂，目视前方，身体尽量保持平衡。

2. 双腿分立，俯身拍"壳"时双腿尽量不弯曲。

第四节 "壳"的新秘密（8拍 ×2）

✦ 关键动作

图 3-7-7 双腿分立，身体微屈 图 3-7-8 跳跃

♡ 动作与提示

1. 在"壳"后方进行跳跃游戏，过程中尽量不碰到"壳"。

2. 根据实际的场地情况与幼儿的动作经验，结合幼儿状态开展系列的原地单人游戏（跳高、举物等）或多人流动性游戏（绕障碍跑、依次向前跳跃、组合跑等），以丰富游戏情境，从而提升幼儿的兴趣。

第五节至第八节

同第一节至第四节。

大班器械操

迷你绳趣多多

扫码观看
演示视频

💡 操节核心价值

身体柔韧性与协调性，身体移动能力

第一节 预备（8拍×2）

✨ 关键动作

图 3-8-1

双腿分立，双手持绳

图 3-8-2

身体往左、右两侧自然转动

♡ 动作与提示

1. 双腿分立，绳自颈后挂于胸前，配合音乐做屈膝半蹲动作。

2. 身体适当地进行左右方向平移。

第二节　绳子转转转（8拍×2）

✦ 关键动作

图 3-8-3　双手持绳向后转　　　图 3-8-4　踏步绕圈

♡ 动作与提示

1. 双手持绳前平举，转体向后，一侧手臂尽量保持伸直状态，过程中绳子尽量保持平直。

2. 踏步转体一周的过程中，提醒幼儿尽量握紧绳子不掉落。

第三节 绳子绕绕绕（8 拍 × 2）

✦ 关键动作

图 3-8-5

跨过绳子后双腿分立，双手向上举

图 3-8-6

双手持绳，体侧屈

♡ 动作与提示

1. 双脚需依次跨过绳子，绳子经背部至直上举位置止，过程中提醒幼儿尽量握紧绳子不掉落。

2. 双臂尽量伸直，身体较大幅度侧屈。

第四节 踩绳不掉落（8 拍 × 2）

✦ 关键动作

图 3-8-7 单脚站立，保持平衡

图 3-8-8 沿着绳子踏步前进

♡ **动作与提示**

将绳子放于地面，单脚踩于绳上，做"燕式平衡"的动作。

第五节 绳子跳跳跳（8拍×2）

✦ **关键动作**

图 3-8-9　沿着绳子双脚跳　　　图 3-8-10　沿着绳子双脚跳

♡ **动作与提示**

1. 双腿置于绳子两侧，向前跳跃 3 次。

2. 在绳子尾端转体跳跃，一边跳跃一边向前。

① 教师需提醒幼儿，握绳的双手间距越小，难度越大，可根据自己的身体柔韧度自行调整，不作统一要求。② 第五节中的双脚跳跃，教师可根据场地与幼儿的实际情况，自行调整为其他的跳跃动作，或设计新的移动方式。同时也可让幼儿自主

进行运动游戏，与材料形成更多元的互动。

第六节至第九节

同第二节至第五节。

大班器械操

篮球高手

扫码观看
演示视频

操控球类器具的能力

本操节中所用器具

建议 3-4 号球

第一节　防守运球（8 拍 ×2）

✦ 关键动作

图 3-9-1

单手拍球，另一手向前伸

图 3-9-2

双腿并拢，抱球，保持身体平衡

♡ **动作与提示**

1. 侧身分腿站立，屈膝，右手运球，左手呈阻拦姿势，身体微微前屈。

2. 双手持球于胸前，双肘微微外展。

第二节 准备进攻（8拍×2）

✦ **关键动作**

图 3-9-3   图 3-9-4

抱球踏步   开合跳，持球向上举

♡ **动作与提示**

1. 双手持球于胸前，配合原地踏步动作。

2. 双手持球直上举，配合开合跳一次，动作转换时干脆、有力。

第三节　进攻过人（8拍×6）

✦ 关键动作

图 3-9-5　　　　　　　　　　图 3-9-6

侧弓步，身体微屈，单手连　　侧弓步，身体微屈，换另一
续拍球　　　　　　　　　　只手连续拍球

♡ 动作与提示

1. 腿部呈前弓箭步；一只手运球，另一只手呈防守姿势架于体前；身体微微前屈，重心放低；眼睛看正前方。

2. 双脚分立，比肩稍宽，注意运球时球尽量落于脚部斜前方。

第四节至第五节

同第一节至第二节。

第六节　抛接篮球（8 拍 × 4）

✦ 关键动作

图 3-9-7

踏步，双手轻轻地颠球

图 3-9-8

双腿分立，双手持球上抛并接住

♡ 动作与提示

1. 通过手指抬拨动作进行颠球，配合原地踏步。

2. 双手抛接球的过程中，可根据幼儿实际情况增添拍手动作，视其熟练程度增加拍手次数或改变动作，如轻拍肩膀、腹部等。

第七节至第八节

同第一节至第二节。

第九节 运球转圈（8拍×4）

✦ 关键动作

图 3-9-9

双腿分立，一手拍球，同时绕圈

图 3-9-10

转圈的同时保持运球

♡ 动作与提示

1. 幼儿身体微屈，一边单手拍球，一边绕圈。

2. 幼儿在转体或移动身体位置时，需保持运球姿势，过程中球不掉落。

大班器械操

足球小将

（推荐音乐：《加油！加油！》）

扫码观看
演示视频

操节核心价值

下肢对球类器具的操控能力，下肢力量

本操节中所用器具

建议 3-4 号球

第一节　奔跑踩球（8 拍 ×2）

✦ 关键动作

图 3-10-1

原地小碎步跑动，双脚交替
轻轻踩球

图 3-10-2

原地小碎步跑动，双脚交替
轻轻踩球

♡ 动作与提示

1. 原地小跑时，需注意跑步的动作姿势，步点清晰、摆臂有力。

2. 左右脚交替踩球各一次，踩球时需注意尽量用脚掌踩。

第二节　绕球防守（8 拍 ×2）

✦ 关键动作

图 3-10-3　　　　　　　　　图 3-10-4

往两侧跨步，双臂自然摆动　　往两侧跨步，双臂展开

♡ 动作与提示

1. 迈步时幅度要大、重心要低；绕球一周的过程中尽量不碰到球。

2. 做防守动作时，需注意步距要大、重心要低，尽量避免身体的上下起伏。

第三节　脚底滚球（8 拍 ×4）

✦ 关键动作

图 3-10-5

双手叉腰，双脚交替踩球

图 3-10-6

双手持球，踏步

♡ 动作与提示

1. 需注意滚球过程中，脚掌、脚跟都应触球。

2. 提醒幼儿滚球时脚应处于球的上方位置，避免形成踢球动作。

第四节

同第一节。

第五节

同第三节。

第六节　脚底运球（8 拍 ×2）

✦✦ **关键动作**

图 3-10-7　　　　　　　　　图 3-10-8

单脚站立，另一脚运球　　　　双脚交替

♡ **动作与提示**

1. 从踩球到向外拨滚球的过程中，提示幼儿脚部触球的先后步骤与部位，如先踩球后拨滚，先脚底触球再用脚内侧触球等。

2. 提醒幼儿用脚拨滚球时，控制好力量，尽量不让球滚走。

第七节　足球健儿加油（8 拍 × 2）

✦ 关键动作

图 3-10-9　踏步，鼓掌　　　　图 3-10-10　原地跳跃，单手向上举

♡ 动作与提示

1. 原地踏步，配合双手击掌的动作。
2. 原地并脚跳，单手握拳做"加油"动作。

第八节至第九节

同第一节至第二节。

该操节的有效实践需结合实际场地与环境，依托幼儿的既有经验，开展前幼儿应对足球有一定的认知或了解。尽量避免在大风天气、不平整的场地、运动空间不宽阔的场地中进行，以免影响活动的效果。

大班器械操

奇妙游乐园

(推荐音乐：《鸡蛋摇滚乐》)

扫码观看
演示视频

 操节核心价值

身体柔韧性，上肢力
量，器具操控能力

本操节中所用器具

可用类似物品代替

第一节　摇摆机（8 拍 ×1）

✦ 关键动作

图 3-11-1

双腿分立，双手持毛巾往两侧摆动

图 3-11-2

双腿分立，双手持毛巾向上举

♡ 动作与提示

1. 扭动时以脚掌为轴，脚跟转动。

2. 尽量把毛巾拉平，举过头顶时手臂尽量伸直；胯部跟随音乐左右摆动。

第二节 大摆锤（8拍×2）

✦ 关键动作

图 3-11-3

侧弓步，双手持毛巾前伸

图 3-11-4

双腿分立，双手持毛巾往上、下方摆动

♡ 动作与提示

1. 向斜前方跨弓箭步后快速返回至原点，"划船"动作幅度可尽量大一些。

2. 双脚分立，双手左右摇摆，尽量把毛巾拉直，胯部跟随音乐左右摆动。

第三节　跷跷板（8 拍 × 4）

✦ 关键动作

图 3-11-5

双腿并拢，踮脚

图 3-11-6

单脚向前脚跟点地，手持毛巾转动

♡ 动作与提示

1. 做屈膝微蹲与踮脚动作时需注意毛巾尽量保持拉直状态。

2. 做"开车"动作时注意手臂伸直，微微转体。

第四节　过山车（8 拍 × 4）

✦ 关键动作

图 3-11-7

手持毛巾向前、后跳跃

图 3-11-8

双脚分立，手持毛巾向上举，往左右摆动

♡ **动作与提示**

1. 双脚向前、后跳时需注意步距适中。

2. 甩动毛巾绕圈时尽量不停顿，保持毛巾不掉落。

第五节　无敌风火轮（8 拍 ×2）

✦ **关键动作**

图 3-11-9　　　　　　　　图 3-11-10

两人持毛巾上、下抖动　　　手持毛巾绕圈

♡ **动作与提示**

1. 两人配合时，需事先约定持毛巾的手，以方便同伴快速、便捷地抓住毛巾。

2. 两人同步翻转时，毛巾尽量不掉落，需注意调整自己身体的位置。

第六节至第九节

同第一节至第四节。

第十节

同第二节。

大班器械操

我们的天空

（推荐音乐：《孩子的天空》）

扫码观看
演示视频

本操节中所用器具

自制彩带

第一节　预备（8拍×2）

✦ 关键动作

图 3-12-1

双腿并拢，双手持彩带上举，体侧屈

图 3-12-2

双手持彩带往下摆，体侧屈

♡ 动作与提示

1. 双脚并立，双手持彩带上举至头顶上方，左右摆动。

2. 双臂向下，左右摆动。

第二节　欢乐跑步（8 拍 ×2）

✦ 关键动作

图 3-12-3　原地跑动　　　图 3-12-4　双手持彩带向上举

♡ 动作与提示

1. 双手持彩带两端紧贴于腰间；跑动时脚跟尽量抬高，可触碰臀部。

2. 原地跑动时脚掌蹬地有力，落地时屈膝缓冲；双臂快速上举，动作舒展。

第三节　遨游宇宙（8 拍 × 2）

✦ 关键动作

图 3-12-5

转体，单臂向后，交替进行

图 3-12-6

双臂向上，将彩带往后甩

图 3-12-7　双腿交替向前踢，同时跳动

♡ 动作与提示

1．手持彩带，单臂以肩为轴，自前方向上绕至后方，转体尽量呈 90 度。

2．双手持彩带放于肩部，肘部尽量抬起。

3．双腿交替向前踢时，躯干微微后仰，以保持身体的平衡。

第四节　自由挥舞（8 拍 × 4）

✦ 关键动作

图 3-12-8

双腿分立，单臂持彩带向上
甩，另一只手背于身后

图 3-12-9

另一臂持彩带向上甩

图 3-12-10

双腿并拢，单臂上举

图 3-12-11

换另一臂上举

♡ 动作与提示

1. 双脚开立，比肩稍宽，左臂自右前方开始，自上而下挥动，轨迹尽量呈"S"形。

2. 跳跃时，一侧手臂自下而上挥动彩带至最高点后压腕停顿，另一侧手臂自上而下挥动彩带至最低点。

第五节　拥抱朋友（8 拍 ×2）

✦ 关键动作

图 3-12-12　双手持彩带　　　　　图 3-12-13　身体转 90
　　　向上挥舞　　　　　　　　　　度，弯腰

♡ 动作与提示

1. 手持彩带立腕绕圈时，双臂侧上举，尽量保持大、小臂不动。

2. 幼儿面对面站立完成"拥抱"动作，身体前倾，单臂向后进行绕环，停至体前，呈"握手"姿势。

第六节　一起冲冲冲（8拍×4）

✦ 关键动作

图 3-12-14

跨步，双手持彩带自然摆动

图 3-12-15

向另一侧跨步，双手持彩带自然摆动

图 3-12-16　跑动，绕圈

图 3-12-17　跑动，回到原地

♡ 动作与提示

1. 跨步时保持身体平衡。

2. 双臂以肩为轴，进行前后摆臂。

第七节至第十一节

同第二节至第六节。

第十二节 整理放松

可自由做动作，身体放松。

大班徒手体操

森林奇遇

(推荐音乐：《我们这样长大》)

扫码观看
演示视频

第一节　迎接太阳（8拍×2）

✦ 关键动作

图 3-13-1

踏步，双手在头顶上方击掌

图 3-13-2

跨步，双臂展开，侧上举

♡ 动作与提示

1. 踏步时双臂侧上举，与颈部夹角尽量呈 45 度，自肩至手指尽量保持平直。

2. 侧上举时需注意双臂在正侧方，双臂与颈部夹角尽量呈 45 度，头部可微微上扬。

第二节　小熊拥抱（8 拍 ×2）

✦ 关键动作

图 3-13-3　　　　　　　　　　　图 3-13-4

跨步，单手叉腰，单臂前平屈　　跨步，双臂前平屈，做扩胸运动

♡ 动作与提示

1. 单臂停留的位置需在胸前，肘部尽量保持水平，肘部夹角尽量呈 90 度。

2. 双臂于胸前平屈后扩胸时需注意幅度适中，不宜过大或过小。

第三节　躲避蜘蛛（8拍×2）

✦ 关键动作

图 3-13-5

跨步，双膝微屈，双臂展开

图 3-13-6

踏步，随后脚跟点地，双手叉腰

♡ 动作与提示

1. 做脚后跟点地动作时需移动身体重心，以便于伸直膝盖。

2. 脚后跟点地时，异侧肘关节需向前。

第四节　遇见彩虹（8拍×2）

✦ 关键动作

图 3-13-7

踏步，单手叉腰，单臂自下往上举

图 3-13-8

跨步，体侧屈

♡ 动作与提示

1. 手臂需从正侧方自下而上转动，身体轻微侧屈。

2. 单侧腿需尽量伸直，脚尖点地；手臂伸直，尽量贴近头部，五指张开，掌心向前；身体轻微侧屈。

第五节　螳螂先生（8 拍 ×2）

✦ 关键动作

图 3-13-9

跨步，踮脚，转体

图 3-13-10

双腿分立，半蹲，单手叉腰，单臂伸展

♡ 动作与提示

1. 转体尽量呈 90 度，单臂伸展时手臂保持平直状态。

2. 双腿分立，屈膝，单侧手臂经胸前绕至正侧方止，身体保持平稳。

第六节　大力猩猩（8 拍 ×2）

✦ 关键动作

图 3-13-11　双腿分立，屈臂　　　图 3-13-12　弯腰，双手交替向下

♡ 动作与提示

1. 双腿分立，膝盖伸直，脚尖朝外。
2. 体前屈时保持膝盖伸直，胸口尽量贴近地面。

第七节　袋鼠跳跃（8 拍 ×2）

✦ 关键动作

图 3-13-13　　　　　　　　　图 3-13-14

双手叉腰，单腿跳跃　　　单腿站立，双臂展开，身体微屈

♡ 动作与提示

1. 单腿跳跃时身体尽量保持平衡，落点范围尽量小。

2. 双臂展开时手臂需伸直。

第八节　走出森林（8拍×4）

✦ 关键动作

图 3-13-15　原地踏步，转圈一周　　图 3-13-16　双腿分立，双臂展开

♡ 动作与提示

1. 踏步动作有力，摆臂抬腿动作尽量规范，转体动作干脆利落。

2. 踏步转体过程中需及时调整呼吸。

大班徒手体操

运动真奇妙

(推荐音乐：《运动真奇妙》)

扫码观看
演示视频

第一节　伸展运动（8拍×2）

✦ 关键动作

图 3-14-1

跨步，双臂展开，一手绕肩一周

图 3-14-2

双臂上举

♡ 动作与提示

1. 单侧手臂侧平举，另一侧手臂从正侧方以直臂状绕肩转动至侧上举位置，手臂与颈部夹角尽量呈 45 度。

2. 手臂上举时，肘部夹角尽量呈 90 度。

第二节　腿部运动（8 拍 ×2）

✦ 关键动作

图 3-14-3　向左、右两侧跨步　　图 3-14-4　原地跑动

♡ 动作与提示

1. 向正侧方跨步时，步距适宜，比肩稍宽；膝盖需放松，以便快速将腿收回。

2. 做原地跑步动作时，注意摆臂幅度与摆臂力度适中。

第三节　扩胸运动（8 拍 ×2）

✦ 关键动作

图 3-14-5　双腿分立，做扩胸运动　　　图 3-14-6 双腿并拢，屈臂

♡ 动作与提示

1. 双臂胸前平屈后扩胸时需注意幅度适中，不宜过大或过小。
2. 双臂向内并拢，肘关节部位尽量能有触碰。

第四节　体侧运动（8 拍 ×2）

✦ 关键动作

图 3-14-7　　　　　　　　　图 3-14-8

体侧屈，单臂伸展　　　　　　向另一侧体侧屈

♡ **动作与提示**

1. 肘部夹角尽量呈 90 度。

2. 手臂伸直，尽量贴近头部，身体微微侧屈。

第五节　体转运动（8 拍 ×2）

✦ **关键动作**

图 3-14-9

跨步，转体，双臂平伸

图 3-14-10

跨步，转体，单臂屈肘

♡ **动作与提示**

1. 单侧手臂侧平举，另一侧手臂从正侧方以直臂状绕经腹部于另一侧位置止（手臂转动约 180 度），配合转体尽量呈 90 度。

2. 双腿伸直，脚跟尽量不离地；头部配合转体动作向后方转动。

第六节 腹背运动（8拍×2）

✦ 关键动作

图 3-14-11 弯腰，拍打小腿　图 3-14-12 跨步弯腰，双手击掌

♡ 动作与提示

1. 体前屈，膝盖伸直，双手拍击膝盖（或膝盖以下）位置。
2. 双手于双腿间击掌，过程中双腿需伸直，脚跟尽量不离地。

第七节 跳跃运动（8拍×2）

✦ 关键动作

图 3-14-13　　　　　　　图 3-14-14

原地小幅度跳跃，向前跨步定格　　　单脚跳

♡ 动作与提示

1. 做前弓步动作时需尽量使后方的腿伸直，双脚脚尖自然向外。

2. 单腿跳跃时需尽量保持身体姿态，避免大幅度的摇晃。

第八节　整理运动（8 拍 ×2）

✦ 关键动作

图 3-14-15

原地踏步，双臂前伸

图 3-14-16

原地踏步，双臂斜上举

♡ 动作与提示

1. 踏步时双手往外翻掌，双臂伸直，调整呼吸。

2. 双掌掌心朝外，双臂斜上举后于正侧方自然缓慢落下。